ANTONELLO FABIO CATERINO

RINASCIMENTO LATINO E VOLGARE
STUDI CRITICI (2011-2016)

*con traduzioni inedite dal latino
e un saggio di Digital Humanities*

Firenze
Edizioni CLORI
MMXVII

Studi storici, filologici e letterari

La collana *Studi storici, filologici e letterari* pubblica – in formato *ebook*, secondo i principi del *gold open access*, e cartaceo – saggi, edizioni e monografie di ambito storico e filologico-letterario. Tutte le opere della collana sono disponibili al *download* gratuito sulla *home page* dell'editore, a cui si rimanda per ogni altra informazione in merito.
http://www.ereticopedia.org/edizioni-clori

Edizioni CLORI

Μὴ κακοῖς ὁμίλει

Indice

L'autore a chi legge

Raccolgo (non cronologicamente) in questo libello "di servizio" i principali lavori – già editi in altre sedi scientifiche – che hanno segnato i miei primi passi nel mondo della ricerca umanistica e filologica: si parte dai tempi della laurea magistrale fino ad arrivare alle ricerche postdottorali.

Personalmente, non ho mai considerato il saggio pubblicato un universo chiuso: la stampa (o la pubblicazione online, verso cui si indirizza l'editoria accademica) non preclude certo che il ricercatore non possa correggere e correggersi, nell'ottica delle sue prospettive di studio. Niente è perfetto, ed è assai presuntuoso pensare che possa diventarlo temporeggiandone la pubblicazione. Tutto, però, può essere ripreso in mano, ed emendato da quegli errori umani che – a distanza di tempo – sono certo più evidenti.

Dunque in questa sede non mi limiterò a ripubblicare *sic et simpliciter* quel che è già edito: dove necessario, provvederò a correggere, aggiungere e sottrarre. La bibliografia resterà, tuttavia, quella di partenza.

È necessario, dunque segnalare i riferimenti bibliografici degli articoli che compongono i vari capitoli di questo volume: *Filliroe e i suoi poeti: da Tito Strozzi a Ludovico Ariosto* in «Annali Online di Lettere – Ferrara», Voll. 1-2 (2011), pp. 182-208; *La medaglia di Sperandio de' Savelli per Tito Vespasiano Strozzi e la tomba di Protesilao* in «La rivista di Engramma», n. 112 "Astri, ninfe, amori nel Rinascimento", dicembre 2013, pp. 38-57; *La lirica di Antonio Brocardo*, in *I cantieri dell'italianistica. Atti del XVII congresso dell'ADI (Roma Sapienza, 18-21 settembre 2013)*, a cura di B. Alfonzetti, G. Baldassarri e F. Tomasi, Roma, Adi editore, 2014; *Nuovi documenti aretiniani in conclusione della polemica con Brocardo* in «Diacritica», Anno I, fasc. 2 (25 aprile 2015), pp. 13-19; *Il ricordo di Alcippo (Antonio Brocardo) tra le rime di Niccolò Franco* in «Banca dati "Nuovo

Rinascimento"», 2012; *La letteratura in rete e gli strumenti digitali*, in «La rassegna della letteratura italiana», 2016 n.1-2, pp. 111-123.

Dedico questo libro (elettronico per scelta, in quanto poco più – come già anticipato – di un collettore) ai miei più validi maestri, che mai si tirarono indietro nell'insegnarmi, con pazienza e benevolenza, il "mestiere": i classici, greci, latini e italiani; e a chi avrà la pazienza di leggermi, perché di questi tempi trattare con serietà un ricercatore ventottenne, che si accolla problemi spesso irrisolvibili, è cosa rara.

Ci terrei a ringraziare i miei compagni di viaggio: tutti, indistintamente. Sono proprio costoro, infatti, i più vivi custodi del mio entusiasmo scientifico, che molti "accidenti" – recenti e non – hanno tentato con scarsa fortuna di spegnere. *Intelligenti(bus) pauca!*

Filliroe e i suoi poeti: da Tito Strozzi a Ludovico Ariosto

Il 24 aprile 1463 moriva Filliroe, la donna amata da uno dei più grandi poeti italiani in lingua latina della sua generazione, Tito Vespasiano Strozzi[1]. Da viva era stata protagonista e ispiratrice di un magnifico ciclo elegiaco interno all'*Eroticon*; da morta era destinata a rappresentare – anche grazie ad una buona fortuna letteraria – l'idea di un amore sano, incontaminato, seppure triste e sventurato.

La morte della stessa giovane è celebrata anche dall'anonimo autore di un ampio canzoniere – costruito sul modello di Giusto dei Conti di Valmontone – dedicato alla nobile ferrarese Costanza Costabili (celebrata attraverso l'emblema petrarchesco della Fenice); Costanza dal Canale, la Filliroe di Strozzi, è caduta nel fiore degli anni «nel tempo che il mordace / morbo regnava tanto in quella cara / mia gloriosa e splendida Ferrara»[2]. Il poeta immagina di dialogare con lo spirito della ragazza:

«Donque tu quella sei» risposi, «in quale
la casa del Canale
se gloriava d'ogni gentilleza

---

[1] Carducci definisce lo Strozzi «il più bel verseggiatore del rinnovato latino» (Carducci 1876, 61); cfr. anche Albrecht (1891, 16). Per una biografia dettagliata dell'autore, cfr. Barotti (1792, vol. II, 175-84).

[2] Il canzoniere, tràdito dal ms. di Londra, British Library, Additional 10319 (i tre vv. citt. a c. 101r), fu composto da un frequentatore di casa Costabili, nonché amico di Tito Strozzi, intorno al 1455-1463: cfr. Dilemmi (1996, 55-68); Verziagi (2003, 81-102). I più importanti testi dedicati a Costanza dal Canale, oltre ad accenni sparsi che la presentano come una delle tre "stelle" del poeta, sono la canzone in morte *Ecco l'orribil caso, o valorose* (cc. 66r-67r); quelli commemorativi ad un anno dalla scomparsa, ossia il sonetto a Tito Strozzi *Se quel che cum la citra sua ristare* (c. 100r) e la canzone *Dodice volte avea già pien Diana* (cc. 100r-102v); e, in chiusura, il serventese *Spirito peregrin che gionto sei* (cc. 153r-155v).

e per la cui adorneza   70
con onestà congionta in dolce vista
nel mondo un cor gentil troppo se attrista?».
«Costei son io» replicò cum tanta
gratia, che quasi l'alma non si svelse,
parole tanto excelse   75
sentendo ex improviso sì ben dire[3].

E ancora:

«Son» poi dixe ella, cum parlar altiero,
«da misera Costanza dal Canale,
che in questa obscura vale
inanzi tempo spinse acerba morte»[4].

La fanciulla, apparsa in visione, cerca di consolare chi la
compiange asserendo che oramai vive nel mondo dei beati, libera
dalle preoccupazioni terrene.

Da elementi interni al ciclo, come ha già segnalato Dilemmi, è
possibile riconoscere, in Costanza dal Canale, proprio la Filliroe
strozziana. Quest'ultima infatti muore di peste, ancora giovane, a
Ferrara: *proxima Ferrariae dum tenet arva suae, / tempore quo misera pestis
bacchatur in urbe*[5]; e la stessa sorte subisce Costanza nel periodo in
cui l'epidemia arriva a Ferrara, ovvero nel 1463[6]. L'Anonimo, del
resto, fornisce anche il nome di colui che piange la ragazza, così a
lei rivolgendosi: «O dea, la cui memoria ancora / fra nui un Tito
peregrin se onora»[7]. Rispetto al ciclo poetico dedicato alla sua

---

[3] Dalla canzone *Dodice volte avea già pien Diana*, vv. 67-76, c. 101r-v.
[4] Dal serventese *Spirito peregrin che gionto sei*, vv. 101-4, c. 154r.
[5] Strozzi *Erot.* VI 12 (posizione del testo nelle stampe; V 13 nei mss.), vv. 184s.;
per il testimone di riferimento sotto l'aspetto testuale, vedi oltre.
[6] Per una cronologia della peste ferrarese, Frizzi (1791, 43).
[7] Dalla canzone *Dodice volte avea già pien Diana*, vv. 83s., c. 101v.

Filliroe da Tito Strozzi (figlio di una Costanza Costabili senza dubbio parente della donna celebrata nel canzoniere), quello dell'Anonimo Costabili può ritenersi un atto d'omaggio, incentrato sul doppio tema della morte precoce della ragazza causata dalla peste e del proprio conseguente dolore. Ed è esattamente questo il nucleo generativo della fortuna del motivo letterario, che andò ben oltre i due autori finora ricordati; una fortuna a mio avviso meritevole, per qualità artistica e per interesse culturale, dell'attenzione che qui le dedichiamo.

Per ripartire, come è necessario e doveroso, dall'originario nucleo strozziano, ricordiamo che le elegie per Filliroe giungono a noi attraverso quei testimoni dell'*Eroticon* che non si limitano ai primi testi del quarto libro, come accade ai manoscritti esemplati prima del 1458, in cui la figura della donna amata è la traditrice Anzia[8]. La testimonianza più antica della forma che ci interessa è rappresentata dal ms. di Modena, Estense α.T.6.17 (Latino 153: E), non anteriore al 1463, in cui l'*Eroticon* si mostra composto di cinque libri; la forma più autorevole è probabilmente quella del codice Vaticano Ottoboniano Latino 1661 (O), il più tardo e più completo, risalente al 1496: nove libri, l'ultimo dei quali consta di 21 componimenti[9]. Su un piano a parte si pone poi l'*editio princeps*,

---

[8] Per la storia della tradizione dell'*Eroticon*, e uno specifico approfondimento del ciclo di Filliroe, cfr. Albrecht (1891); Pantani (2002, 258-89); Beleggia (2006, 553-68). Circa l'aspetto filologico cfr. anche Tissoni Benvenuti (2004, 89-112).

[9] Tra i due codici è possibile collocarne altri: non prima del 1473 fu realizzato il ms. I 368 della Biblioteca Ariostea di Ferrara (F), che non solo completa il quinto libro, ma si arricchisce di tre testi passati in seguito al sesto. Del 1483 è il codice Vaticano Urbinate Latino 712 (U), realizzato per Guido di Montefeltro: l'*Eroticon* giunge qui agli otto libri, anche se l'ultimo comprende solo 5 dei 13 testi che raggiungerà nella sua fase finale. Nel 1486 fu realizzato per il papa Alessandro VIII il codice C. 105 della Sächsische Landesbibliothek di Dresda (D), e contestualmente fu anche approntata una copia analoga per Ercole d'Este, identificabile nel ms. 130 della Bibl. del Seminario Vescovile di Padova (P): l'opera è arrivata ormai a nove libri (attestata a pari altezza dal mutilo ms. I 324

postuma, pubblicata nel 1513 da Aldo Manuzio (V), in seno al suo progetto editoriale riguardante i migliori poeti latini del tempo, con titolo *Strozzi poetae pater et filiu*s (sono accolti anche testi di Ercole Strozzi): la stampa si allontana infatti molto dai testimoni manoscritti, soprattutto per quanto riguarda l'ordine dei componimenti, i quali vengono ridistribuiti in sei libri più altri quattro, gli *Aeolosticha*, nei quali confluiscono soprattutto testi di corrispondenza[10]; per quello che ci interessa in questa sede, essa ha soprattutto l'importante ruolo di unico testimone dell'ultimo testo del breve ciclo[11]. Tranne che per quest'ultimo carme, nell'incertezza circa la presenza di una reale volontà d'autore dietro le novità di V, fonderemo le nostre citazioni, in linea di massima, su O[12].

I testi dedicati a Filloroe sono quattro: *Ad Philliroen properans pedes suos ad iter hortatur et ne quid sibi in via impedimenti occurrat in primis*

---

della Biblioteca Ariostea di Ferrara), anche se l'ultimo conta per ora soltanto 8 componimenti.

[10] Anche *Epigrammi* e *Sermoni* vengono spostati in libri appositi, che chiudono la raccolta; alcuni componimenti (specie quelli in prosa) vengono eliminati, altri vengono aggiunti; non è raro che sezioni intere di versi vengano eliminate o modificate. L'immagine dell'*Eroticon*, attraverso l'*editio princeps*, risulta così lontana dall'impianto dei manoscritti: l'aldina ne offre un'immagine quasi esclusivamente poetica, tagliando fuori molte prose o destinandole a sezioni distinte. A questo proposito può essere interessante riportare almeno la prima quartina di un sonetto, attribuito a «Ieronimo Grignano mantoano», tramandatoci su uno dei fogli di guardia di O: «Chi d'immensa facondia un vivo fonte / brama veder, non cerchi in altra parte / ché il divin Tito in queste poche carte / nei versi è Omero e in prose un Xenophonte».

[11] Nel 1530 a Parigi, presso l'officina di Simone Colineo, uscirà un'edizione che riproporrà il testo della *princeps* (corredato, per giunta, della stessa introduzione del Manuzio). In epoca moderna l'edizione di riferimento è ancora quella di Della Guardia (1916); altri componimenti sono pubblicati – non sistematicamente – da Prete (1968).

[12] Tenendo però nel dovuto conto, e registrando in apparato, le varianti di E, U e V.

optat, *Ad Carolum ariminensem, quod Philiroen vehementer amet*, *Lamentatio de obitu Philliroes et eiusdem epitaphium*; ed infine *Ad Psyttacum*, assente, come già detto, nei manoscritti[13]. A questi si aggiunge un breve epigramma, *Pro diva Phylliroe*, composto da soli due distici, dedicato alla memoria di lei, che Manuzio sposta – nella sua edizione – nell'*Epitaphiorum liber*[14].

La prima elegia vede il poeta lontano dalla sua amata. Egli spera di poterla riabbracciare quanto prima e, proprio per questo, si augura che non accada alcun imprevisto. L'intero componimento è caratterizzato dall'alternanza di fretta e di ritardi: gli impedimenti – reali o ipotetici – sono temuti dal poeta, e già a partire dal titolo. Lo Strozzi apre il carme con l'evocazione dell'immagine di Filliroe[15]: immediata è la consacrazione della sua bellezza, della sua

---

[13] In O i primi tre testi corrispondono ai numeri IV 5, V 7, V 13; in V ai numeri VI 10, VI 11, VI 12, cui si aggiunge *Ad Psyttacum* (VI 13). L'antologia Arnaldi – Gualdo Rosa – Monti Sabia (1964, 290-5), ripropone, con traduzione, i carmi *Ad Carolum* e *Ad Psyttacum*; i curatori dell'antologia si lamentano dei numerosi errori dell'edizione Della Guardia e propongono testi controllati filologicamente sul ms. U. Varianti: IV 5 tit] *Hortatur se ipse ut ad amicam properet* V; V 7 tit] *Ad Carolum amicum suum optimum quod Philiroen vehementer amet* U *Ad Carolum* V; V 13 tit] *Philloroes amice epicidium* V.

[14] In V tale componimento corrisponde al secondo epitaffio dell'*Epitaphiorum liber*. Ma in O esso compare subito dopo l'elegia *Erot.* V 13, aggiunto con diversa scrittura prima del componimento successivo, sotto l'intestazione *Pro eadem*. È importante sottolineare questi elementi poiché con questo breve testo i componimenti in vita e quelli in morte sarebbero bilanciati, anche senza l'ausilio di *Ad Psyttacum*.

[15] Riguardo al nome della fanciulla amata dallo Strozzi, ci troviamo di fronte ad oscillazioni. Non mi riferisco a quelle grafiche (*Philliroe/Philiroe/Phyliroe/Phillyroe*), ma all'alternanza di *Philiroe* e *Philoroe*. Quest'ultima versione è presente soprattutto nella tradizione a stampa (dall'aldina in poi); la prima è invece utilizzata nei manoscritti. È bene però sottolineare due elementi: innanzitutto nell'aldina l'epitaffio *Pro diva Phyliroe* riporta la lezione dei manoscritti. In secondo luogo, nel manoscritto U il titolo della seconda elegia legge *Ad Philoroen*, ma la -o- è espunta e corretta con una -i-.

mens, delle sue virtù. In un confronto con Anzia, la ragazza amata nella prima giovinezza, abbandonata per via del suo tradimento, viene tracciato un netto confine tra quella e la nuova fanciulla. Anche senza invettive di catulliana memoria, Anzia viene presentata come una perfida ingannatrice, Filliroe come un paradigma di bellezza spirituale-corporale:

> *Ite citi volucrisque, pedes, praevertite ventos,*
> *et loca deliciis querite nota meis:*
> *nota meis loca deliciis, ubi candida saepe*
> *mecum dignata est ludere Philiroe.*
> *Philiroe, nullis faciem perfusa venenis,*   5
> *cui proprius roseo fulget in ore color;*
> *cuius inauratos cupiat sibi Cynthia crines,*
> *invideat laetis Cypria luminibus;*
> *formosasque manus gratisque laboribus aptas,*
> *iuret persimiles ipsa Minerva suis.*   10
> *Tum reliquis agiles respondent partibus artus,*
> *ut nihil ex illa nemo probare queat.*
> *Talis erat virgo ceneia, talis et altum*
> *per mare dyctaeo vecta puella bove;*
> *talis erat pro qua pugnans daneius heros*   15
> *impia perdomuit vindice monstra manu.*
> *Talis et illa fuit, quae me sibi iunxerat olim,*
> *nondum iuratam fallere docta fidem;*
> *cuius ego inmite imperium tot perditus annos,*
> *multaque non sano pectore digna tuli*[16].   20

---

[16] Strozzi *Erot.* IV 5 (VI 10 in V), vv. 1-20: «Andate veloci e alati, o piedi, superate i venti, / e cercate luoghi noti al mio amore: / luoghi noti al mio amore, dove spesso la candida / Filliroe si degnò di scherzare con me. / Filliroe, il cui volto è privo d'ogni malignità /e sul cui viso roseo brilla uno speciale colorito; / i cui capelli dorati vorrebbe per sé la stessa Cinzia, / i cui occhi lieti le invidierebbe la dea Cipria; / e quelle sue mani, splendide e adatte ad ogni arte, / la stessa

Il viso della ragazza non è pervaso da alcun tipo di malignità, di perfidia, contrariamente a quello di Anzia[17]. Il suo roseo volto dà invece certezza di fedeltà, di sincerità: come esprime un distico (vv. 5s.) che tornerà identico in *Ad Carolum* (vv. 11s.). Gradualmente è Filliroe che prende il sopravvento, grazie ad accorti riaccostamenti a divinità greco-romane. La nuova fanciulla cancella ogni memoria di Anzia, che viene sempre evocata come bellissima e aggraziata, ma questo prima che rompesse il vincolo di fiducia con l'amante.

Minerva giurerebbe identiche alle sue. / Gli arti agili, poi, sono proporzionati alle altre parti, / tanto che nessuno potrebbe non apprezzare qualcosa in lei. / Tale era la vergine ceneia, tale la fanciulla / trascinata per l'alto mare greco dal toro; / tale colei per la quale il greco eroe, combattendo, / domò con mano vendicativa gli empi mostri. / Tale fu anche colei che una volta mi aveva legato a sé, / non ancora capace di infrangere la fedeltà promessa; / il suo amaro impero per tanti anni, disperato, / e tante cose indegne di un animo sano sopportai». Varianti: 6 *in ore*] *ab ore* V   8 *invideat laetis Cypria luminibus*] *cui facileis oculos invideant Charites* V   9 *gratisque*] *doctisque* V   12 *ut nihil ex illa nemo probare queat*] *nec tu in ea ut quidquam carpere Mome queas* V   15 *talis erat pro qua pugnans daneius heros*] *talis erat fulvi decepta cupidine nimbi* V   16 *impia perdomuit vindice monstra manu*] *et quam sub fallo lusit olore deus / talis erat vatum Omphale celeberrima cantu / talis et Ideao rapta Lacaena proco* V   19 *cuius*] *cui* E. Fonti: 1 *citius volucrique*: Verg. *Aen.* V 242; *praevertere ventos*: Verg. *Aen.* VII 807, XII 345.   2 *nota meis*: Prop. I 6, 24;   3 Claud. *De raptu Pros.* II 77 (*germina per nostros dignantia ludere campos*).   9 *laboribus aptas*: Stat. *Theb.* III 119; Ovid. *Trist.* IV 10, 37.   13 *talis virgo*: Verg. *Aen.* XII 69.   16 *impia... manu*: Hor. *Epod.* 3, 1.   18 *iuratam... fidem*»: Ovid. *Am.* III 3, 1; Stat. *Achill.* I 957.   19 *perditus annos*: Ovid. *Am.* II 1, 31; Mart. *Epigr.* VII 14, 9.   20 *sano pectore*: Prop. I 1, 26.

[17] Nei mss., subito dopo la prima elegia dedicata a Filliroe, compare un componimento contro Anzia, nel quale Tito si mostra pentito dell'amore precedente: *Ad Anthiam quod eius perfidiam deprehenderit quodque ab eiusdem amore penitus se alienaverit*. L'*incipit* dell'elegia riguarda ancora il volto, il modo di dar ordini con lo sguardo, proprio di Anzia: *Quid me composito nequicquam, pessima, vultu / conaris veteri reddere servitio? / Nam mihi promittis fallaci plurima nutu; / ast ego dedidici credulus esse nimis* («Perché invano con volto conciliatore, pessima, / cerchi di riportarmi all'antico servizio? / Molto infatti mi prometti con quei falsi cenni; / ma io ho disimparato ad essere troppo ingenuo»).

Come accennavo, l'autore paragona Filliroe dapprima a divinità quali Venere e Minerva, per bellezza ed abilità, poi a donne illustri: Elena, Europa, Evadne, Penelope. Oramai deificata, Filliroe non può che attirare verso di sé ogni attenzione del poeta. Dopo aver chiamato Cupido a unica guida nel suo discorso amoroso, Tito torna col pensiero al viaggio, al desiderio che ha di ritrovare il prima possibile la sua fanciulla. Del resto, è l'amore stesso che gli conferisce le forze che gli necessitano: *vires impiger auget amor* (v. 54)[18].

Il poeta spera a questo punto, come già ricordato, che non ci sia alcun tipo di impedimento tra lui e l'amata. Prega addirittura di non incontrare nessuno che distolga la sua attenzione da Filliroe: incontrare un amico comporterebbe, infatti, soffermarsi con lui in conversazioni del tutto estranee all'esperienza amorosa[19], argomenti che egli sarebbe costretto ad ascoltare, poiché *fugere oblatum me pudor ipse vetet* (v. 58). Tuttavia, proprio nell'esprimere tale timore, lo Strozzi inserisce un'ampia digressione sui temi politici che avrebbero caratterizzato l'ipotetico dialogo: un espediente che, nel discorso elegiaco, può apparire fuori luogo, ma che, da un lato, contribuisce a rallentare il ritmo del componimento, proprio quando la fretta sembra dominare; dall'altro consente al poeta di riferirsi alla contemporanea scena politica, soprattutto, e ovviamente, in rapporto al ruolo svolto dalla famiglia Estense. Il lettore viene così ragguagliato sul Borgia, su Ferdinando I, sulla crociata auspicata da papa Pio II[20], su Federico di Montefeltro, e in dettaglio sui signori di Ferrara, Leonello, Niccolò, Borso (che per primo ottiene il titolo ducale). Troppo lungo pare però l'indugio

---

[18] Il verso richeggia il noto precetto virgiliano di *omnia vincit amor* (*Bucol.* X 69).
[19] L'inserimento di un possibile elemento di disturbo appare quasi come una contaminazione satirica. Eppure – a differenza del "seccatore" di oraziana memoria – qui l'amico non pare interpretare un ruolo comico o grottesco.
[20] A papa Pio II lo Strozzi dedica integralmente l'elegia V 1 (numerazione sia di O che di V) dell'*Eroticon*.

all'amante poeta: il pensiero finalmente torna su Filliroe, la meta sembra sempre più vicina. Però, arrivando in prossimità della campagna ferrarese, l'attenzione dell'autore viene catturata da quei dettagli bucolici che, in prospettiva classicistica, fanno da sfondo agli incontri amorosi (si verifica così un nuovo ritardo narrativo):

Iam procul aspicio servantem compita quercum,
*   et veteres fagos populeumque nemus.*
Ecce, levi flatu, teneris de frondibus exit
*   et cadit in faciem lenior aura meam.*   110
Huc ego crediderim Zephyrum migrasse tepentem,
*   captum sideribus, cara puella, tuis,*
qui mihi non stulte sibi consuluisse videtur,
*   si pro te nigras deserit Hesperidas.*
Nam quid in extremis vidit pretiosius oris?   115
*   Quid nunc in nostro pulchrius orbe videt?*[21]

Da lontano Tito scorge una chiesetta e – finalmente – la cima della casa.

Laeva Padi ripas vetus at mihi dextra sacellum
*   monstrat et amnosae culmina parva casae,*
quam lentis ederae complexibus undique cingunt,
*   delet ubi raros alta senecta deos.*   120

---

[21] Strozzi *Erot.* IV 5, 107-16: «E già da lontano vedo una quercia che custodisce crocicchi, / vecchi faggi e un bosco di pioppi. / Ed ecco che, con un lieve soffio, / esce dalle foglie / un dolce venticello ed arriva sul mio volto. / Da questa parte avrei creduto che il tiepido Zefiro fosse migrato, / catturato dal tuo splendore, / o cara fanciulla, / il quale non scioccamente mi sembra voglia provvedere a sé, / se per te abbandona le nere Esperidi. / Cosa, infatti, vede di più prezioso nei posti più lontani? / Cosa mai nel nostro mondo vede di più bello?». Varianti: 110 *et cadit*] *et cedit* E   114 *si per te nigras deserit Hesperidas*] *Chlorida si pro te deferit ille suam* V. Fonti: 108 *veteres fagos*: Verg. *Ecl.* III 12.   109 *levi flatu*: Manil. *Astr.* V 565.

15

Nil ibi vel Zeuxis, vel magnus pinxit Apelles
nil ibi Fidiacae composuere manus;
lignea crux vero media quae pendet in aede,
nobilis egregia Mentoris arte caret.
Pene suis convulsa trahens de sedibus olim   125
fundamenta rapax, substulit Eridanius,
proximaque aggeribus ruptis per culta vagatus
mucida sacrilegis tecta replevit aquis.
Muscosus templi paries, humorique situsque,
praeteriti reddunt tristia signa mali.   130
Pauper in exiguo censu cultuque sacerdos
ipse colit sterilis iugera bina soli[22].

Il quadro offerto non è dei più accattivanti: le immagini sacre
dipinte sono sopraffatte dalle edere, la cappella risente di una
esondazione del Po; su questo sfondo, un povero sacerdote coltiva
con fatica un piccolo terreno. Un paesaggio di tal genere,
simbolicamente, vale ad anticipare agli occhi del lettore la triste e
prematura fine di Filliroe[23]. Eppure per ora la fanciulla, con la sua

---

[22] Strozzi *Erot.* IV 5, 117-32: «La sinistra mi mostra le rive del Po, mentre la
destra / una vecchia chiesa e le piccole cime dell'antica capanna, / che le edere
cingono ovunque con lievi abbracci, / dove l'alta vecchiaia distrugge le rare
immagini sacre. / Niente dipinse lì Zeuxi, niente il grande Apelle, / nulla
produssero neanche le mani di Fidia; / la croce di legno che pende al centro
della chiesa / manca della grande arte del nobile Mentore. / Una volta il Po,
travolgente, tirando fuori dalla loro sede / le fondamenta quasi distrutte, le
spazzò via, / e vagando, rotti gli argini, per i campi coltivati, / riempì i tetti
ammuffiti con acque sacrileghe. / Le pareti muscose della chiesa, l'umidità e le
muffe / ricordano i tristi segni del male passato». Fonti: 121-5: Prop. III 9, 11-3
(*In Veneris tabula summam sibi poscit Apelles; / Parrhasius parua uindicat arte locum; /
Argumenta magis sunt Mentoris addita formae*). 130 *signa mali*: Stat. *Theb.* IX 226.
132 *iugera bina*: Iuv. *Sat.* 14, 163; Ov. *Fast.* III 192; Marz. *Epigr.* I 85, 2; VI 16, 2;
I 116, 2; XI 29, 6.
[23] Cfr. Charlet-Mesdjian (2004, 329-42) e von Chledowski (1921, 97).

sola presenza, riesce a rendere divino ogni luogo, anche il più umile. Il ritmo del carme viene leggermente accelerato quando, da lontano, si avvista la villa di Filliroe:

Ecce, diu latitans aperitur villa remotis
  arboribus, carae villa beata deae!
Protinus hac visa celeri praecordia motu
  venturae exultant praescia letitiae[24].   140

Più l'amante si avvicina alla casa dell'amata, più avverte gli effetti dell'amore, simili ai fuochi dell'Etna, ai prodigi della lancia di Achille[25]. Riesce a cogliere lo sguardo della ragazza, che mostra subito di averlo riconosciuto con un cenno della sua mano:

En rapidis iterum fertur cita passibus! Ipsa est,   175
  notaque ut accedam, dat mihi signa manu[26].

Incontra infine anche Ciride, la nutrice (l'ultimo impedimento), che cerca di evitare, per quanto possibile, per ricevere il pegno di fiducia dalla bella Filliroe. Così si conclude il viaggio: non è neppure necessario narrare l'incontro vero e proprio: basta a evocarlo il riconoscimento da lontano[27].

Nella seconda elegia il poeta si rivolge ad un suo amico di Rimini, Carlo.

---

[24] Strozzi *Erot.* IV 5, 137-40: «Ecco, nascosta a lungo dagli alberi lontani, appare la villa, / villa fortunata della mia cara dea! / E dopo averla vista, il mio cuore velocemente / inizia ad esultare, presagendo la gioia futura».

[25] Metafora di origine ovidiana, cara allo Strozzi, che torna anche in conclusione all'elegia *Ad Psyttacum.*

[26] Strozzi *Erot.* IV 5, 175s.: «Ecco, a sua volta si avvicina veloce a rapidi passi! È lei, / e riconosciutomi non appena arrivato, mi dà un cenno con la mano». Varianti: 176 *signa manu*: Ovid. *Trist.* II 228.

[27] Particolare già rilevato da Charlet-Mesdjian (2004, 329-42).

Si vigiles curae, subitus si pallor in ore,
　　si crebros gemitus edere, pauca loqui,
si nunc iucundo nunc tristi incedere vultu,
　　si sperare aliquid, plura timere simul,
si properare modo, modo lento incedere passu, 　　　　　　　5
　　si vario mentem flectere proposito,
si fora, si coetus hominum vitare frequentes
　　inditium praebent, Carole, amori, amo.
Si quid amem quaeres, ubi nos male fida reliquit
　　Anthia, successit candida Philiroe: 　　　　　　　　　10
Philiroe nullis faciem perfusa venenis,
　　cui proprius roseo fulget in ore color.
Illa mihi furtim me surripit, hanc sequor unam:
　　hanc sine non videor vivere posse diem.
Huius ego insignem non tantum, Carole, formam, 　　　　　　15
　　verum etiam mores ingeniumque probo.
Illa meis leges oculis imponere digna est,
　　illa meos sensus abstulit, illa tenet.
Illa tenebit, erunt donec vaga sidera coelo,
　　donec erit tellus, aequora donec erunt[28]. 　　　　　　　20

---

[28] Strozzi *Erot.* V 7 (VI 11 in V), vv. 1-20: «Se esser lesto a preoccuparsi, subito impallidire, / frequenti gemiti emettere, poco parlare, / se procedere con volto ora allegro ora triste, / se sperare qualcosa e nel mentre temerne molte, / se affrettarsi e subito rallentare il passo, / se cambiare con diverse intenzioni pensiero, / se evitare piazze e riunioni affollate di gente / sono segnali d'amore, o Carlo, allora io amo. / Se mi chiedi perché io ami, ebbene, quando la malfida Anzia / m'abbandonò, le subentrò la candida Filliroe: / Filliroe, il cui volto è privo d'ogni malignità / e sul cui viso roseo brilla uno speciale colorito. / Lei mi ha rapito in silenzio, solo lei seguo: / senza di lei non mi sembra di poter vivere un giorno. / Di lei, Carlo, ammiro non solo il delizioso aspetto, / ma anche il comportamento e l'ingegno. / Ella sola è degna di dar leggi ai miei occhi, / ella ha rapito i miei sensi, ella li possiede. / Ella li terrà, finché le stelle vagheranno in cielo, / finché vi sarà la terra, finché esisterà il mare». Varianti: 1 *si pallor in ore*] *si Carole pallor* E U　8 *inditium praebent, Carole, amori, amo*] *indicium veri praebet amoris*

I sentimenti che Tito nutre verso la nuova *puella* sono veri e sinceri; riallacciandosi all'elegia precedente, egli descrive i segni dell'amore, secondo una struttura stavolta essenzialmente petrarchesca (evidente la memoria di *RVF* 134, il notissimo *Pace non trovo et non ò da far guerra*). La ripetuta anafora del *si*, in apertura di ben cinque distici, caratterizza la prima parte del breve componimento (corrispondente alla prima metà, vv. 1-10). Lo Strozzi confessa di essere certo dell'amore per Filliroe giacché ne sente gli effetti: instabilità di pensiero, di eloquio, mancanza di tranquillità, di decisione. Ritorna l'espressivo distico *Philliroe nullis faciem ... color*. Nuovamente viene evocato il fantasma della malfida Anzia, ma oramai il poeta è destinato a seguire solamente Filliroe: l'amore vero non patisce alcun *discidium*[29].

Per drammatica ironia della sorte, proprio questa profezia d'eternità risulta essere preludio dell'imminente sciagura: l'amore non è destinato a durare e Filliroe muore, giovanissima. Già nella terza, struggente elegia del ciclo, Tito deve piangerne la morte e dettarne, in conclusione, l'epitaffio. La fanciulla, come ricordano i vv. 77s. del testo (*non habitura parem ter quinque peregerat annos / Philiroe vestros inter adulta sinus*), non aveva che quindici anni al momento della sua scomparsa (vittima della peste del 1463, come abbiamo già detto), il che ci rivela quanto breve dovette essere questa pur intensa storia d'amore, sviluppatasi per non più di due

---

amo E   *Inditium veri sunt tibi amoris amo* U.   Fonti: il primo periodo dell'elegia aderisce *in toto* al modello petrarchesco di *RVF* 134. Inoltre: 1 *vigiles curae*: Ovid. *Met*. III 393; Luc. *Phars*. VIII 161; *pallor in ore*: Ovid. *Met*. II 775, VIII 801; Luc. *Phars*. VII 129.   2 *gemitus edere*: Luc. *Phars*. VII 43; *pauca loqui*: Ovid. *Met*. VII 852.   4 *sperare aliquid*: Ovid. *Met*. X 345; *plura timere*: Ovid. *Epist*. XIX 110.   7 *coetus hominum*: Manil. *Astr*. II 840.   9 *male fida*: Verg. *Aen*. II 23; Sil. Ital. *Pun*. V 496.   14 *vivere posse*: Ovid. *Trist*. III 1, 24, IV 8, 30.   18 *illa tenet*: Ovid. *Fast*. II 602, IV 92.   20 *donec erunt*: Ovid. *Am*. I 15, 27.

[29] In entrambe le elegie "in vita" di Filliroe, questa subisce sempre il paragone con Anzia, nonostante la prevedibile vittoria di chi non ha mai infranto la *fides*. Sarà solo la morte a liberare completamente la sua figura dal fantasma di Anzia.

o tre anni[30]. Che questa terza elegia voglia essere uno sfogo, un lamento, un luogo in cui dire ciò che di norma si tace, lo si intuisce immediatamente dai versi d'apertura:

Quo miser usque tuos celabis Tite dolores?
   Aegraque mens tacitum quo premet usque malum?
Dissimulare prius licuit, dum sol tibi fulsit
   candidus, et placidae spes bona sortis erat.
Nunc fera consilium superat violentia fati,   5
   nunc ars, indomito victa dolore, perit.
Maxima saepe latent sub tristi gaudia vultu,
   at sua cor laesum non bene damna tegit.
Infandos luctus et vulnera pectoris ede,
   atque ea quae nulli nota fuere prius![31]   10

L'intera elegia rappresenta la risposta all'interrogativo che la apre. Si impone subito l'evocazione di un fato indomabile, indifferente, che non si cura di essere o di apparire crudele. La prima soluzione

---

[30] Il distico sull'età di Filliroe al momento della morte fu segnalato da Della Guardia (1916, XIII-XIV). Non bisogna escludere, peraltro, che questa cronologia abbia potuto subito l'influenza di taluni *tòpoi* letterari (ad es., l'espressione *ter quinque* ad indicare un numero di anni è più volte presente in Ovidio, nelle *Metamorfosi* e nei *Tristia*).

[31] Strozzi *Erot.* V 13 (VI 12 in V), vv. 1-10: «Fino a quando, sventurato Tito, terrai nascosti i tuoi dolori? / E fin quando la tua mente afflitta nasconderà il silenzioso male? / Prima era lecito nascondere, mentre il sole candido splendeva / per te, ed avevi una buona speranza di una sorte benevola. / Adesso la spietata violenza del Fato vince ogni ragione, / ora l'arte, vinta da un dolore indomabile, muore. / Le più grandi gioie spesso sono nascoste sotto il volto afflitto, / ma il cuore leso non sa nascondere bene le sue sventure. / Manifesta gli indicibili lutti e le ferite dell' animo, / e quelle cose che prima non furono note a nessuno!». Fonti: 1 *tuos... dolores*: Ovid. *Ars.* II 403.   3 *sol tibi fulsit*: Catull. *Carm.* VIII 3, VIII 8.   4 *spes bona*: Ovid. *Epist.* XI 61, XIII 22, XVII 236.   7 *gaudia vultu*: Catull. *Carm.* LXIV 34; Luc. *Phars.* II 373; Sil. Ital. *Pun.* XVI 580.   8 *cor... laesum*: Ovid. *Met.* XII 421.

che si prospetta all'amante è l'isolamento, preferibilmente in un bosco: infatti *silva locum praebet lacrimis, ubi semita nulla / cernitur, humani signa nec ulla pedis*[32]. Solo gli animali, gli uccelli, la natura in genere, possono essere compartecipi del dolore del poeta, in un paesaggio che risente senza dubbio della sua sofferenza. Anche qui una natura viva e sensibile si connota di riferimenti bucolici: perfino il sole soffre petrarchescamente:

> *Sol, cuius radios umbrosa cacumina silvae*
>   *huc vix oppisitis frondibus ire sinunt,*
> *qui nunc, Haemonii non immemor ignis et undae,*   20
>   *forsitan hic mecum condoliturus ades,*
> *testis eris nihil esse mihi cur vivere curem,*
>   *aetheria postquam lux mea luce caret*[33].

Il pensiero indugia sulla bellezza della troppo giovane defunta, una bellezza che, costretta a consumarsi lentamente sotto terra, ben presto svanirà. In un giorno da segnare con la pietruzza nera, lo Strozzi accomuna al proprio dolore la sofferenza dei genitori di lei, degna di ogni compassione. Sottolinea come sarebbe stato meglio per loro morire, anziché vedersi strappare via la giovane figlia: con l'amata Filliroe, che difficilmente troverà rivali, non muore solo la possibilità di perpetuare la stirpe, muore la bellezza, e assieme a lei muoiono tutte le virtù che propriamente le appartenevano, e che il poeta ha già avuto modo di ricordare nelle precedenti elegie. Tito

---

[32] Strozzi *Erot.* V 13, 13s.: «la foresta offre un posto alle lacrime, ove nessun sentiero / né orma di piede umano si vede».

[33] Ivi, vv. 17-22: «O sole, i cui raggi a stento le cime ombrose dal bosco / lasciano arrivare fin qui, perché le foglie si frappongono, / tu che ora, non immemore del fuoco Tessalo e della tempesta, / forse sei in procinto di soffrire con me, / sarai testimone che non ho più nulla per cui valga la pena di vivere, / da quando la luce del mondo manca della mia luce». Fonti: 17 *umbrosa cacumina*: Verg. *Ecl.* II 3.

si rammarica, per un attimo, di non possedere l'arte di Orfeo, di non essere capace di sconfiggere con la sua arte la morte. Ma subito pensa che così ne turberebbe la pace, che costituisce il premio per le sue giuste virtù. Attraverso uno stacco nel registro tematico, che consente il trapasso dalle convenzioni mitologiche pagane si passa alla visione cristiana, lo Strozzi immagina Filliroe collocata nelle perfette sedi celesti, in un ordine disposto dall'unico vero Dio onnipotente, che controlla cielo e terra:

> *Si tamen aeterni veneranda potentia Regis,*
> *qui caelo et terris imperat atque mari,*
> *Omnipotens qui solus agit mirabile quicquid*   115
> *cernimus, et quicquid lumina nostra latet,*
> *si tibi Philiroen nunc illa potentia reddat,*
> *ne noceas huic quam diligis ipse cave*[34].

Il dolore non può dunque che rimanere fermo in lui, è radicato sulla terra. I morti non torneranno in vita prima della fine dei tempi: non resta che la preghiera e, per il poeta, l'epitaffio. Tito è in procinto di incidere alcuni versi sul sepolcro dell'amata, per affidare il suo ricordo alla memoria dei posteri. Immagina un futuro lettore (a cui, però, mai si rivolge direttamente) che potrebbe riflettere sulla tomba di Filliroe:

> *nunc quoque, neu praesens neu postera nesciat aetas*   175
> *qualis sub gelido marmore Nympha cubet,*
> *ipse tuum nostro signavi carmine bustum,*

---

[34] Strozzi *Erot.* V 13, 113-8: «Se tuttavia la veneranda potenza del Re eterno, / che dà ordini alla terra, al mare ed al cielo, / l'Onnipotente che solo opera qualsiasi cosa mirabile / noi vediamo, e qualunque cosa si nasconda ai nostri occhi, / se ora quella potenza ti restituisse Filliroe, / bada che non nuoccia a colei che tu ami». Fonti: 113 *potentia regis*: Verg. *App.* 366 118; *ipse cave*: Mart. *Epigr.* VII 15,6.

qua Padus, illabens, rura paterna videt.
At quicumque leget miseri monumenta doloris,
verba sibyllino tradita ab ore putet[35].   180

Se il fato è stato perfido nella sua necessità, almeno alcuni versi incisi possono ricordare lo splendido connubio di mente e bellezza che è stata Filliroe in vita, e perpetuarne il ricordo:

PHILIROE IACET HIC, TENERIS EXTINCTA SUB ANNIS,
    PROXIMA FERRARIAE DUM TENET ARVA SUAE,
TEMPORE QUO MISERA PESTIS BACCHATUR IN URBE, 185
    NEC FORS VICINIS PARCIT INIQUA LOCIS.
CRUDELES NIMIUM DIVI, CRUDELIA FATA,
    PERDERE QUAE TANTUM SUSTINERE DECUS![36]

Con questa commossa conclusione l'immagine di Filliroe, deificata, accompagnerà per lungo tempo il poeta.

L'epigramma *Pro diva Phylliroe* sembra essere una seconda versione dei precedenti versi, una sorta di epitaffio alternativo, ma degno di una sua autonomia: il poeta assume nuovamente le vesti di lapicida[37]. Persino nella morte Filliroe conserva il decoro che in

---

[35] Ivi, vv. 175-80: «Ed anche ora, affinché né l'età presente, né quella successiva ignori / quale ninfa giace sotto il gelido marmo, / io stesso ho segnato con un mio carme il tuo sepolcro, / là dove il Po, scorrendo, guarda le tue terre. / Ma chiunque leggerà le memorie del misero dolore, / mediti sulle parole trasmesse dalla bocca sibillina».

[36] Ivi, vv. 183-8: «Qui giace Filliroe, morta in tenera età, / mentre abitava luoghi vicini alla sua Ferrara, / nel tempo in cui la peste infuriava nella misera città, / né la sorte iniqua risparmiava i luoghi vicini. / Oh dei troppo crudeli, o crudeli sorti, / che tollerarono di mandare in rovina un tale splendore!». Varianti: 184 *tenet] colit* V.

[37] L'elegia classica, e in particolar modo quella del *corpus* properziano, faceva normalmente uso di epifonemi, massime ed epigrammi. Su questo argomento, fondamentale lo studio di Fedeli (1989, 76-96).

vita l'ha resa speciale agli occhi del poeta: sembra infatti che non sia morta, che stia solo dormendo, e sarebbe colpevole disturbarne il riposo.

> QUI LEGIS HAEC, LEGITO SUMMISSIUS ET CAVE, QUAESO,
>   NYMPHAM ULLO TURBES QUAE CUBAT HIC STREPITU.
> VIVERE CREDIBILE EST PLACIDOQUE QUIESCERE SOMNO
>   PHYLLOROEN, QUAE NON DIGNA MORI FUERIT[38].

Se l'epitaffio conclusivo della *Lamentatio* assume un tono sentenzioso, volto a richiamare il lettore a considerare il crudele destino della fanciulla (si noti l'espressione *hic iacet*, presente in Tibullo, Ovidio e Properzio), *Pro diva Phylliroe* gli si rivolge in termini più familiari: il poeta lo esorta a non disturbare il riposo di Filliroe con rumori molesti, quel sonno eterno in cui l'esperienza della morte, così dolorosamente sottolineata nel primo epitaffio, tende qui come ad essere distanziata.

L'ultima elegia, *Ad Psyttacum*, completa la trama dei testi sin qui visti, arricchendola di notazioni nitidamente classiche. Ben attestato nella tradizione è infatti il piccolo animaletto domestico, amico più sincero della donna amata: motivo, in particolare, di derivazione alessandrina; e alla stessa tradizione si conforma anche la *brevitas* del componimento. Il pappagallo non fa che richiamare col suo verso la ragazza morta, come se fosse ancora in vita. Il suo richiamo induce una profonda lacerazione nel poeta; il nome dell'amata sembra strappargli l'animo dal petto:

Psyttace, quid frustra misero mihi nuper ademptam

---

[38] Strozzi *Erot.* V 14 (*Epitaphiorum liber* 2 in V). L'epitaffio è un tetrastico, riportato qui integralmente: «Tu che leggi queste parole, leggile in silenzio, e sta' attento, ti prego, / a non turbare con alcun rumore la ninfa che giace. / Sembra quasi che sia viva e che riposi in un placido sonno / Filliroe, che non era degna di morire».

Philloroen tanta sedulitate vocas?
Parce, precor! Parce insanos augere dolores:
heu, periit quam tu vivere forte putas!
Parce, meo toties animam de pectore vellis,   5
«Philloroen» quoties blandula lingua refert.
Heu periit, neque eam spes amplius ulla videndi,
quam propter nobis vivere dulce fuit[39].

Ma oramai l'immagine è rievocata e il poeta non può non abbandonarsi al ricordo. Rammenta le volte in cui il pappagallo succhiava il cibo dalle labbra della fanciulla, senza farle alcun male, quando lei lo liberava dalla gabbia. Ora solo l'animaletto è rimasto a ricordo di Filliroe, lui solo conosce e riesce ancora a pronunciare il suo nome. Per questo lo Strozzi lo considera il suo amico più fidato, fratello nel dolore. Il pappagallo, anche se conscio che Filliroe, dopo vari tentativi, non verrà al suo richiamo, ha il coraggio di ricordare e ripetere il nome di lei, con gli occhi gonfi di lacrime, esattamente come il poeta[40].

---

[39] *Ad Psyttacum* (VI 13 in V), vv. 1-8: «Pappagallo, perché invano con tanta diligenza / chiami Filliroe, da poco tempo sottratta a me infelice? / Smettila, ti prego! Smettila di accrescere i miei mortali dolori: / è morta, ahimè, colei che tu forse ritieni viva! / Smettila, mi strappi l'anima dal petto ogni volta che / la tua carezzevole lingua dice "Filliroe". / Ahimè è morta, e non c'è alcuna speranza di vederla ancora, / colei per cui vivere era dolce per me». Fonti: 1 *psyttace*: Stat. *Silv.* II 4, 1. 3 *parce precor*: Tib. I 8, 51; Ovid. *Her.* VII 163, XVI 11, XVIII 45, XX 119. 6. *Scrip. Hist. Aug.* I: Hadrianus 25, 9 (*animula vagula blandula*). 8 *vivere dulce*: Catull. *Carm.* 68, 162.

[40] Come nota Ziolkowski (1987, 139-49), Tito Strozzi inverte il normale canone dei componimenti dedicati agli animaletti delle *puellae* (uno per tutti, il famoso passero caro alla bella Lesbia, in Catullo, 3): se nella classicità il poeta dedicava versi in memoria delle bestiole morte, nel componimento in questione è il pappagallo, vivente, a perpetuare la memoria dell'amata, defunta. L'animale è dunque oggetto e soggetto di canto. Una riflessione sul ruolo degli animali nella poesia elegiaca dello Strozzi è presente in Charlet-Mesdjian (1999, 175-84). Offre qualche altro riscontro, specie in confronto con la classicità, Lefèvre (1999,

Il personaggio di Filliroe non resterà chiuso tra le pagine dell'*Eroticon*, bensì sarà oggetto di omaggi e citazioni. E per quanto gran parte della fortuna della fanciulla strozziana sia legata, come vedremo, alla sua tragica morte, non mancano poeti che resero omaggio a una Filliroe ancora vivente: è il caso di Gaspare Tribraco e Battista Guarini[41].

La prima egloga di Tribraco, in particolare, vede per protagonista Poeman che, dialogando con Epolo, coglie l'occasione per lodare la sua amatissima Calliroe. Nonostante qualche voce discorde tra gli interpreti, è possibile riconoscere dietro il pastore Poeman Tito Strozzi e – di conseguenza – Filliroe dietro Calliroe[42]. Oltre infatti all'evidente somiglianza fonetica tra i nomi delle due fanciulle (sebbene Calliroe avesse precedenti anche in ambito classico e mitologico), risultano probanti gli echi strozziani di cui è tramato l'elogio della fanciulla compreso tra i vv. 72-105. Il punto di contatto più evidente tra l'egloga e la poesia strozziana è

111-35).

[41] Gaspare Tribraco de' Tirimbocchi, umanista modenese trasferitosi a Ferrara presso la corte di Borso, fu amico e collega stimato dello Strozzi, come dimostra l'elegia *Erot.* IV 22. Informazioni generali sull'autore possono essere tratte da Della Guardia (1910) e Venturini (1970). Battista Guarini era figlio di Guarino Veronese, presso il quale lo Strozzi si era formato. I rapporti tra i due sono testimoniati da *Erot.* V 3 (IV 23 in V) e dall'epistola strozziana datata 1 febbraio 1479 in cui Tito consola l'amico per la morte della figlia Paola. Per maggiori informazioni biografiche cfr. Pistilli (2003).

[42] Venturini (1978, 101) sostiene che dietro Poeman e tutti i protagonisti delle varie egloghe del Tribraco si celi sempre lo stesso poeta modenese, e che quindi dietro ogni pseudonimo femminile sia celata sempre Galantide, la sua amata già celebrata nelle elegie. Venturini contesta apertamente le posizioni di Della Guardia (1910, 36), la quale sostiene che «in Pemano [...] si debba vedere lo Strozzi – ed a ciò mi conferma anche il suo canto per Calliroe, nome molto simile a Filliroe». Pantani (2002, 341) mostra di non avere alcun dubbio sull'identificazione Tito-Poeman, vista anche l'egloga VII di Tribraco, in cui Poeman viene lodato come privilegiato amico di Dafni (controfigura pastorale di Borso).

rappresentato dai vv. 77-81[43], pronunciati dal pastore Poeman:

> *… illic modo ludit et illic*
> *urit amatorem miserum Poemana meosque*
> *secum habet usque oculos, seu luce in montibus errem,*
> *seu per plana ferar, silvas aut prata peragrem*   80
> *aut somnos in noctem petam requiemque laborum[44].*

I versi rimandano immediatamente all'elegia *Ad Amorem* di Tito Strozzi:

> *sive urbes adeam, nemorum seu devia lustrem,*
> *sive ego coeruleum per mare puppe vehar,*
> *tu mea furtivo sequeris vestigia passu[45].*

Tribraco del resto utilizza anche altre espressioni e metafore di chiara derivazione strozziana:

> *Naias haec una est, levibus nec pectora flammis*
> *excoquit at medias penetrat furor iste medullas.*
> *Uror ut arentes stipulae quibus addit ignem*
> *pastor, ut admoto liquefiunt sulphure cerae[46].*   85

---

[43] Come illustrato da Pantani (2002, 341).
[44] Tribraco *Bucolicon Carmen* I 77-81. Il testo della prima egloga è tratto da Venturini (1978, 102-7): «dì ora gioca, lì ora / incendia il povero amante Poeman, e i miei / occhi ha sempre con sé, sia che io vaghi di giorno sui monti / sia che per pianure mi volga, boschi o prati io percorra, / sia che di notte io cerchi sonno e riposo dalle fatiche».
[45] Strozzi *Erot.* I 11 (V 2 in V): «sia che io visiti le città, sia che cammini per i luoghi più impervi dei boschi, / sia che attraversi in nave il mare ceruleo, tu segui sempre le mie orme con passo furtivo».
[46] Tribraco *Bucolicon Carmen* I 82-5: «unica è questa Naiade, né con lievi fiamme codesto furore / brucia il mio cuore, ma mi penetra fin nel midollo. / Brucio come la paglia ardente alla quale dà fuoco / il pastore, come si scioglie la cera in

Il distico ricorda un passo del poemetto alla ninfa Lucilla, presente nella tradizione manoscritta pur se poi escluso dall'aldina:

Quae mea nunc saevis exercet pectora flammis.
Dura et blanda Venus, nostro miserere labori.
Uror ut immissis stipulae torrentur inanes,
ignibus, ut rapiunt pallentia sulphura flammae[47].   125

L'egloga potrebbe anche rivelare punti di tangenza con alcuni versi in vita di Filliroe, in particolare con i vv. 1-10 dell'elegia *Ad Carolum*, già in precedenza citati. Una singolare ripresa anaforica del *si* ipotetico, associata all'insistenza sul candore dell'amata, torna infatti nei seguenti versi di Gaspare:

Candidior cygni plumis, nive, nympha, ligustris,
candidior nondum tactis in mane pruinis,
si mea vis dici; si non, obscurior ipsa
nocte venis graviorque nucis quam fugimus umbra.
Gratior, hiberno sub tempore, sole tepenti,   95
gratior et leni, dum Iulius aestuat, aura,
si Poemana tuum non negligis; aspera verum
si frontem avertis truculentior aspide surda,
saevior o ponti scopulis...[48].

---

vicinanza dello zolfo».
[47] Strozzi *Erot.* II 11, 122-5: «Questa addestra con fiamme crudeli il mio cuore. / O dura e lieve Venere, abbi pietà della nostra opera. / Brucio come arde la paglia immobole dopo essere stata data / alle fiamme, come le fiamme che rapiscono il pallido zolfo».
[48] Tribraco *Bucolicon Carmen* I 91-9: «Sei più candida, ninfa, delle piume del cigno, della neve, del ligustro, / più candida della brina al mattino ancora intatta, / se vuoi esser detta mia; se non vuoi, arrivi più oscura della stessa / notte, e più pesante dell'ombra del noce, che noi fuggiamo. / Più gradita del sole tiepido d'inverno, / e più gradita, mente luglio brucia, della brezza leggera / se non trascuri il tuo Poeman; sei aspra invece / se giri la testa, più crudele di un aspide

Più semplice e breve, ma altrettanto degno di menzione, fu l'omaggio all'amore tra Tito e Filliroe introdotto da Battista Guarini nella II egloga del suo *Bucolicon Carmen*. Il componimento ha per protagonista Titiro, pseudonimo bucolico dello Strozzi, il quale si lamenta di aver perso il suo toro, confessando di essersi distratto perché incantato dalle parole della sua amata Fillide (trasparente riferimento a Filliroe):

Namque hic formosae sector dum Phyllidis ignes,
dumque ea me sermone suo delectat amantem,
Taurus ab armento latis erravit in agris[49].

Ben oltre la fama della fanciulla in vita, tuttavia, la fortuna del tema di Filliroe si affermò dopo la sua morte. Il primo importante contributo alla sua postuma notorietà provenne, come si diceva, proprio da quell'Anonimo Costabili che, oltre ad essere il solo a ricordare la fanciulla col suo vero nome, riprende puntualmente motivi strozziani nei suoi componimenti[50]. Esemplare, in tal senso, è il caso del tema di Orfeo. Nella prima elegia in morte dell'amata, come si è già detto, lo Strozzi rimpiange di non poter fare – con più prudenza di quanto non ne abbia usata il cantore tracio – quello che Orfeo seppe compiere per Euridice, ovvero scendere nell'Ade per sottrarla alla morte:

Si proprios iterum levis umbra rediret in artus
carpere concessas me duce iussa vias,

---

sordo, / più crudele degli scogli del mare».
[49] Guarini *Bucolicon Carmen* II 4-6. Il testo è tratto dall'incunabolo contenente i carmi dell'autore (Guarini 1496, c. 89): «Infatti mentre qui bramavo gli amori della bella Fillide / e mentre ella con le sue parole deliziava me suo amante, / un toro, uscito dalla mandria, iniziò a vagare per i larghi campi».
[50] Un confronto tematico tra l'Anonimo e Strozzi, relativamente al ciclo di Filliroe, si trova in Pantani (2002, 354-6).

forsitan admonitus quo rursum perdita pacto
   flentem moesta virum liquerit Eurydice,   100
cautinus ingrederer, nocitura pericula vitans,
   et quaecumque solent gaudia magna sequi[51].

Ebbene, così lo segue l'Anonimo:

se quel che con la cythra sua ristare
faceva, sonando, i fiumi e mover sassi
puote, com'odo, già da' regni bassi
a vita la sua donna rivocare [...][52].

Lo stesso verso citato in apertura di questo lavoro, in cui
l'Anonimo menziona la peste di Ferrara («nel tempo che il mordace
/ morbo regnava tanto in quella cara / mia gloriosa e splendida
Ferrara»), è formulato in maniera molto simile all'epitaffio inserito
nel lamento funebre strozziano (*tempore quo misera pestis bacchatur in
urbe*)[53]. E se lo spirito di Costanza esorta a non piangere per lei, in
realtà beata:

«ma di che te lamenti, o misera alma»,
sentomi ragionar in piana voce,
«dalla terrena croce   55
perch'io son sciolta per salire al cielo?»[54],

---

[51] Strozzi *Erot.* V 13 (VI 12 in V), vv. 97-102: «Se l'anima leggera nuovamente
tornasse nelle proprie membra, / invitata, con me come guida, a prendere strade
concesse, / ammonito forse del modo con cui Euridice, persa nuovamente, / triste lasciasse in lacrime il suo uomo, / cautamente procederei, evitando i
pericoli in grado di nuocere, / e tutti quelli che son soliti seguire grandi gioie».
[52] Dal sonetto a Tito Strozzi *Se quel che cum la citra sua ristare* (vv. 1-4, c. 100r).
[53] Strozzi *Erot.* V 13, 185 (già tradotto nella n. 36).
[54] Dalla canzone *Ecco l'orribil caso, o valorose* (vv. 53-6, c. 67r).

30

è agevole riaccostare questi versi a quelli in cui Tito si era consolato pensando ad una Filliroe già divinizzata: *Philiroe felix terris colit astra relictis / magnorum in numero iam nova diva deum*[55].

La figura di Filliroe affascinò, com'è noto, anche un altro poeta assai vicino allo Strozzi: quel Matteo Maria Boiardo che di Tito era nipote. Boiardo crebbe, come umanista, in una Ferrara in cui fioriva da qualche tempo il genere bucolico: egloghe aveva composto lo stesso Strozzi, e momenti "bucolici" non mancano all'interno dell'*Eroticon* stesso, a partire dal ruolo giocato dalla natura nello stesso *corpus* dedicato a Filliroe[56]. Se infatti la fanciulla, durante il viaggio di ritorno del poeta, viene immaginata immersa nei campi, mentre gioca, scherza o raccoglie fiori, questa stessa natura diventa matrigna quando la sventurata muore e il poeta si lamenta delle sue dure leggi: un percorso, questo, che in modi assai simili si offre nella II egloga del Boiardo, il cui protagonista è Titiro (lo Strozzi medesimo) e il suo dolore[57].

Disperato, piange, immerso nei boschi, per la morte di Filliroe, che gli è stata sottratta dal destino crudele, invocando su di sé addirittura la morte. Si instaura un dialogo con due altri pastori, Lince e Bargo, nel quale, già dai primi versi, risulta immediato il riferimento al modello strozziano. Durante il lamento funebre per Filliroe si accenna al bosco come unico rifugio per il pianto, grazie alla solitudine che solo un luogo isolato garantisce. La *turtur viduata marito* (v. 9), a cui Lince paragona Titiro, ripropone tratti del pappagallo privato della sua padrona; Titiro attribuisce poi al fato, alla sorte ed al cosmo in genere l'appellativo di «crudele» (*fera fata* v. 5, *crudeles superos, crudelia sidera* v. 14), come già si leggeva nell'epitaffio strozziano, dove il poeta inveiva contro una natura

---

[55] Strozzi *Erot.* V 13, 123s.: «Filliroe, felice, lasciata la terra abita le stelle, / già nuova dea nel novero dei grandi dei».
[56] Sulla formazione poetica del giovane Boiardo e sui suoi modelli culturali è essenziale Carrai (1998, 345-404).
[57] Cfr. Carrai (1996, 15-25; 114-6).

guidata da leggi spietate. Ai vv. 19-21 Boiardo fa anche riferimento ad Orfeo, il cui mito abbiamo visto rievocato dallo Strozzi nel lamento funebre per Filliroe:

Felix qui cara pariter comitante puella
tartareas sedes nigrique Acherontis ad undam
devenit: optatos non illum cernere vultus   25
infernae prohibent leges, non ille dolore
angitur assiduo, nec mortem perditus orat[58].

Ripensare alla figura di Filliroe, la cui presenza è avvertita da Titiro in ogni elemento della natura circostante, provoca in lui straordinario turbamento. Lince è incredulo e Bargo gli risponde:

Miraris? Pulchram si cernere fata dedissent
hanc tibi Phyliroem, fluerent tibi carmina, Lynces,   45
tigribus et torvis lacrimas motura leaenis[59].

Gli effetti che suscita nel Boiardo la bellezza di Filliroe possono essere accostati a quelli descritti da Tito Strozzi lungo la prima elegia a Filliroe:

Illa quidem media Phalarim placaret in ira,
tardaretque tuas, saeve Perille, manus;
terribilemque suis oculis mitescere Martem

---

[58] Boiardo *Pastoralia* II 22-6: «Beato colui che giunge al Tartaro e all'onda del piceo Acheronte accompagnato dalla sua cara fanciulla: la legge degl'inferi non gli vieta la vista del volto desiato, non è afflitto da dolore inconsolabile, né disperato chiama la morte» (trad. Carrai 1996, 114). L'immagine di Orfeo torna, con la medesima funzione, anche al v. 65. *Rhodopeus vates* è espressione classica, presente in Ovid. *Met.* X 11s.
[59] Boiardo *Pastoralia* II 44-6: «Ti stupisci? O Lince, se il fato ti concedesse di vedere questa bella Filliroe, ti verrebbero alle labbra poesie capaci di indurre alle lacrime tigri e feroci leonesse» (trad. Carrai 1996, 115).

cogat, et iratum ponere tela Iovem[60].   160

Nulla era impossibile di fronte alla bellezza sovrumana di Filliroe[61]; scomparsa la quale, il senso di isolamento e di dolore travolge Titiro, che col suo *ite procul pecudes* (v. 57) ricerca una *distensio animi* in una natura che appare in sintonia col suo dolore, privata degli stessi animali, e popolata unicamente di precipizi e di pietre appuntite. Persino il sole piange con lui: come accade nel testo dello Strozzi, dove il sole non osa arrivare coi suoi raggi dove il poeta piange. Titiro è però deciso a suicidarsi sullo sfondo di una natura aguzza e tagliente e Lince è preoccupato che possa dar corso al suo proposito. Ma ecco le parole consolanti di Bargo, ancora con un nettissimo richiamo ai versi strozziani:

Quae tibi causa necis? Periit tua maxima cura
Phyliroe, quod tu laetari, Tytire, debes:
illa, bonum numen, superum formosa deorum
alloquio fruitur, flentem et te moeret ab alto[62].

Filliroe è beata: questo non può non essere un motivo di gioia, di massimo conforto alla sua perdita terrena. Non resta altro che pregare, ricordare la sua memoria tramite canti e lodi: *alterno*

---

[60] Strozzi *Erot.* IV, 5 (VI 10 in V) vv. 157-60: «Ella sarebbe capace di placare Falaride in piena collera, / e fermerebbe le tue mani, crudele Perillo; / con i suoi occhi costringerebbe il terribile Marte a calmarsi, / e Giove adirato a deporre le sue frecce». Fonti: 157s.: Ov. *Ars* I 653 (*et Phalaris tauro violenta membra Perilli*). 160 *tela iovem*: Sil. Ital. *Pun.* I 253.

[61] Non a caso lo Strozzi si era spinto a paragonarla alla lancia di Achille, specialmente nella funzione seconda, ovvero di curare ferite.

[62] Boiardo *Pastoralia* II 86-9: «Che bisogno c'è di morire? Defunta è Filliroe, tuo sommo diletto: e di ciò, Titiro, devi rallegrarti; la bella, divenuta anima beata, gode di parlare con gli dei e dall'alto commisera te che la piangi» (trad. Carrai 1996, 116).

resonabunt carmine valles, come ricorda a Titiro Bargo[63]. Tito invece, per eternare la memoria della fanciulla, incide un epigramma: saranno comunque i versi a far sì che la sua fama non venga mai meno.

Anche nella III egloga del Boiardo, pur in assenza di Titiro, si menziona Filliroe, qui descritta come ricordo più lontano[64]. Il testo narra di una gara di versi bucolici tra Poeman (immagine dello stesso Boiardo) e Silvano, arbitrata da Ercole in persona. Proprio rivolgendosi a ninfe boschive, personificazioni di realtà naturali, Poeman rievoca la morte della fanciulla:

> *Quae iuga, qui colles, qui vos tenuere recessus*
> *dicite, Hamadryades, superis cum cessit ab oris*
> *candida Phyliroe? Lacrimis rorare supremos*
> *ite, piae, cineres et dona novissima ferte*[65].

Non a caso le virtù fisiche e morali di Filliroe sono qui sintetizzate mediante l'aggettivo *candida*, che ricorda le testuali parole dello Strozzi nell'elegia dedicata all'amico Carlo di Rimini:

> *Si quid amem quaeres ubi nos male fida reliquit*
> *Anthia successit candida Philiroe*[66].   10

Filliroe è candida anche nei versi d'apertura del ciclo a lei dedicato (in iperbato, però): *nota meis loca deliciis, ubi candida saepe /*

---

[63] Ivi, v. 99: «Le valli risuoneranno del nostro canto amebeo» (p. 116).

[64] Cfr. Carrai (1996, 26-36; 116-9).

[65] Boiardo *Pastoralia* III 41-4: «Quali gioghi, quali colli, quali antri – dite, o Amadriadi – vi ospitarono, quando la candida Filiroe lasciò il mondo? Andate, pie, a bagnare di lacrime le sue ceneri e recatele gli ultimi doni» (trad. Carrai 1996, 118).

[66] Strozzi *Erot.* V 7 (VI 11 in V), vv. 9s. (la trad. nella n. 28).

mecum dignata est ludere Philiroe[67]. Candidi sono molti attributi della fanciulla, tra cui la sua *candida simplicitas*[68]; candidi sono i momenti notturni (*candida ... insomnia*[69]) che la riportano, dopo la morte, agli occhi di Tito. La chiusura di questo frammento (*ite, piae, cineres et dona novissima ferte*), del resto, ricorda proprio l'attacco della prima elegia a Filliroe: *Ite citi volucrisque, pedes, praevertite ventos*.

A Poeman risponde Silvano, l'altro contendente dell'agone con questi versi:

Fleverunt moestae crudelia funera nymphae,   45
Phyliroes tumulum lacrimis sparsere, rosisque
et ferrugineas violas et candida circum
lilia purpureosque piae posuere hyacintos[70].

Si noti anche qui l'aggettivo "candido", questa volta però riferito ai gigli, simbolo eterno di purezza.

Ma il tema poetico di Filliroe non rimase patrimonio esclusivo dei poeti più vicini a Tito Strozzi. Memore di questa struggente storia d'amore sarà anche Ludovico Lazzarelli, umanista e filosofo della seconda metà del Quattrocento, noto anche tra i contemporanei come l'Ovidio cristiano[71]. Nella sua opera intitolata *De gentilium deorum imaginibus*, egli ricorda la grandezza poetica dello Strozzi e la sua tristezza per la perdita dell'amata, inserendo un omaggio al poeta nel primo libro dell'opera:

Hanc propter molli cantavit voce Tibullus,

---

[67] Strozzi *Erot.* IV 5 (VI 10 in V), vv. 3s. (la trad. nella r. 16).
[68] Ivi, v. 25.
[69] Strozzi *Erot.* V 13 (VI 12 in V), v. 145.
[70] Boiardo *Pastoralia* III 45-8: «Piansero tristemente le ninfe la crudele morte, cosparsero di lacrime e di rose il tumulo di Filiroe, e disposero, pie, intorno ad esso cupe viole e bianchi gigli e purpurei giacinti» (trad. Carrai 1996, 118).
[71] Per questa definizione cfr. Saci (1999, 61-3).

hac duce iam Naso dulce poema tulit,
et quem marmorea eduxit Verona sub auras   25
cigneis cecinit dulcia furta modis.
Hac duce Philiroes dum fleret funera Titus
   prompsit olorino flebilis ore modos;
tolleris ad caelum dum laudibus Anthia virgo
   idem dulce canit Titus Apollineus[72].   30

C'è da premettere che si tratta di un punto in cui il Lazzarelli sta parlando di Venere e, di conseguenza, di chi l'ha resa grande e celebrata tramite l'abilità nel comporre versi d'amore. Viene stilato una sorta di elenco del buon gusto amoroso, un canone. Spiccano i nomi di Tibullo, Ovidio e Catullo (riconoscibile nel riferimento alla sua Verona). È interessante notare come lo Strozzi venga accostato ai grandi classici direttamente, quasi ne fosse un naturale erede. Il dato non è privo di motivazioni pratiche: Lazzarelli dedicherà infatti la sua opera *ad illustrem dominum divum Federicum Urbini ducem et comitem*, ma inizialmente il *De gentilium deorum imaginibus*, composto durante un soggiorno veneziano all'incirca tra il 1468 e l'anno successivo, era destinato a Borso d'Este, che però morì prima del completamento dell'opera, spingendo così l'autore a cambiare mecenate; e la destinazione ferrarese ben motivava un omaggio al più grande poeta locale.

È anche da rilevare come Lazzarelli citi Filliroe quando erano già trascorsi cinque anni dalla morte della fanciulla (1463), il che dimostra come, in ambiente cortese, nello Strozzi si riconoscesse

---

[72] Lazzarelli *De gentilium deorum imaginibus* I 10, 23-30 (cfr. Corfiati 2006, 35-7 147s.: «Grazie a lei [Venere], Tibullo cantò con voce soave, seguendo lei Nasone compose poi un dolce canzoniere, e colui che Verona ricca di marmo portò alla fama, cantò con note di cigno i dolci tradimenti. Seguendo lei Tito, quando pianse la morte di Filliroe, con voce di cigno espresse commoventi melodie; e quando, o vergine Anzia, vieni innalzata fino in cielo dalle lodi, Tito Apollineo ugualmente canta con dolcezza» (trad. Corfiati).

non solo il poeta di Anzia (protagonista di un numero assai più ampio di elegie). Anzi, forse non a caso, Lazzarelli cita i nomi di Anzia e di Filliroe in successione capovolta rispetto alla cronologia interna all'*Eroticon*: è come se si volesse rimarcare, in luogo di una priorità temporale o quantitativa, il più alto valore poetico dei versi ispirati da Filliroe (specie nel doloroso epicedio), nonostante sia presente nel testo quel *dum ... dum* che potrebbe far pensare a una semplice giustapposizione delle due figure. Tito potrà anche cantare con la medesima dolcezza, ma le sue poesie più grandi sono quelle per Filliroe.

L'immagine di quest'ultima, in effetti, appare in primo luogo legata al ricordo della sua morte, dello strazio che essa ha suscitato nel poeta, e alla perfezione dei versi che l'avevano compianta, carichi di *pathos*. Girolamo Balbi[73], altro insigne umanista, diplomatico, viaggiatore, strettamente legato alla figura del più famoso Pomponio Leto, nelle sue elegie erotiche più volte ricorda Tito Strozzi, direttamente o indirettamente, e talvolta – proprio per questo – è stato accusato di plagio dai suoi molti detrattori[74]. In un

---

[73] Autore tra i più controversi del suo tempo, Girolamo Balbi (appartenente alla poco nota famiglia degli Accellini, ma da sempre conosciuto col cognome materno, Balbi) fu vescovo e umanista, autore – tra le altre cose – di elegie erotiche latine, per le quali venne aspramente condannato dai suoi contemporanei a causa del taglio esplicitamente libertino delle stesse. In assenza di studi recenti, per l'edizione delle opere (e in particolare dei *Carmina*), cfr. von Retzer (1791-1792); per alcune notizie biografiche cfr. Allen (1902, 417-28) e Rill (1963, 370-4).

[74] In una sua epistola, edita da Mustard (1918, 113ss.: *Publii Fausti Andrelini Foroliviensis clarissimi poetae paureati ad Robertum Gaguinum divi Maturni Parisiensis ministrum maiorem epistola*), ad esempio, l'umanista Fausto Adrelini scrive a Robert Gaugin: *cum primum in hoc tam florentissimum tamque amplissimum Gymnasium concessit, nonnulla epigrammata, partim ab Octavio Cleophilo composita, partim ex Titi Strocii elegiis excerpta, nomine suo edidit, quo inter Gallos cuiusce rei ignaros subitam quandam laudem acquirerat* («appena arrivato a Parigi, Balbi pubblicò sotto il proprio nome parecchi epigrammi, dei quali una parte fu composta da Ottavio Cleofilo, un'altra da Tito Strozzi, al fine di meritarsi immediatamente gli elogi dei francesi, che

componimento dedicato a Michele Vitezio, il Balbi traccia una sorta di rotta letteraria da mantenere, consigliando ad uno scrittore/marinaio ideale di affidarsi al cielo, affinché Zefiro possa essergli propizio:

> *Navita, solve ratem, Zephyros dabit aura secundos;*
> *aura dabit Zephyros: navita, solve ratem.*
> *Ne pete Trinacrii rabiosa pericula ponti:*
> *hic vomit epotas vasta Carybdis aquas*[75].

Più avanti, il poeta consiglia di fuggire luoghi pericolosi, normalmente teatro di mirabili avventure, per ricercare acque più dolci e tranquille, ossia (fuor di metafora) la leggerezza della poesia amorosa: *sunt quaerenda tuae mitia stagna rati*[76]. In questi luoghi tranquilli sarebbe stato possibile vedere Tito piangere per la morte della sua amata Filliroe:

> *Hic queritur Titus, lento consumptus amore,*
> *tristia dilectae funera Phylliroes*[77].   30

Non solo questo distico è un tributo allo Strozzi, ma nel primo verso va riconosciuta una vera citazione; nel quarto libro dell'*Eroticon*, infatti, Strozzi utilizza proprio questa espressione per descriversi: *Hic tegitur Titus, lento consumptus amore*[78]. Ma citando

---

non conoscevano queste cose»: traduzione di Tournoy-Thoen 1981, 101-23, da consultare anche per informazioni sul metodo compositivo del Balbi).

[75] Balbi *Carm.* CXVII 1-4: «Marinaio, slega la barca, il cielo darà favorevoli Zefiri. / Il cielo darà Zefiri: marinario, sciogli la barca. / Non ti dirigere verso i pericoli furiosi del mare della Trinacria / qui la grande Cariddi vomita le acque ingoiate».

[76] Ivi, v. 12: «Devi ricercare più miti lagune per la tua barca».

[77] Ivi, vv. 29s.: «Qui Tito piange, consumato da un amore tenace, / la triste morte della cara Filliroe».

[78] Strozzi *Erot.* IV 2 (V 4 in V), v. 101: «Qui è sepolto Tito, consumato da un amore tenace».

espressamente il nome di Tito, il Balbi non compie un'azione di plagio, bensì un atto di riconoscenza poetica: la stessa ripresa quasi identica del verso costituisce, appunto, una forma di omaggio. Del resto, oltre a questo accenno inconfutabile all'amore tra Tito e Filliroe, il Balbi usa lo pseudonimo di quest'ultima anche per indicare una fanciulla da lui amata. In un componimento scritto contro un suo rivale, infatti, sciorina così una breve lista dei suoi amori:

Primus amor Cristilla fuit, fuit Orca secundus;
successit Lenas, cui fera Phillyroe;
quintaque inexhausto me torsit amore Camilla[79].

Nonostante la sua Filliroe sia caratterizzata dall'aggettivo *fera*, ben più tipicamente elegiaco (e petrarchesco) rispetto a quelli usati per il personaggio strozziano, non si può certo pensare ad una scelta casuale di tale pseudonimo, specie da parte di chi ha direttamente ricordato l'amore tra Tito e Filliroe nei suoi carmi. Per di più, andando ad analizzare un'epistola metrica scritta dal Balbi a Giovanni Battista Calvo, ove torna il nome della sua Filliroe[80], è possibile notare di nuovo sicure corrispondenze con i versi dello Strozzi. Caso evidente può essere l'evocazione di immagini mitologiche:

Optabit celeres Medeae scandere currus,   55

---

[79] Balbi *Carm.* CLXIII 7-9: «Il primo amore fu Cristilla, Orca fu il secondo; / dopo venne Lena, cui succedette la crudele Filliroe; / Camilla, la quinta, mi catturò con un amore mai esausto».
[80] Balbi *Carm.* CLXVI 37-40: *Cynthia crudelis procul est, procul ipsa Camilla; / est Cristilla procul, est procul Orca fera. / Non est hic Lenas, non hic immitis Iolla, / nec sua quae rapuit pectora Phylliroe* («È lontana Cinzia crudele, lontana la stessa Camilla; / lontana Cristilla, lontana la feroce Orca. / Qui non c'è Lena e neanche l'immite Iolla, / né Filliroe, che rapì il suo cuore»).

Mercuriique pedes, Triptolemive rotam[81].

Nell'elegia introduttiva a Filliroe, in pochi versi Strozzi adopera le medesime metafore:

Triptolemi tamen haud optem coscendere currus,
  ire nec in celeri Bellerophontis equo,
aut levibus Persei volitare per aera pennis,   35
  aut furibunda tuis currere cholchi rotis;
nec Zoroasteas artes magicive requiram
  carminis auxilium daedaliamve fugam,
nec, mihi si liceat, pedibus talaria curem
  picta galereti sumere Mercurii[82].   40

Il carro di Medea, i calzari alati di Mercurio ed il carro di Trittolemo sono contenuti di derivazione ovidiana, che rimandano ai *Tristia*:

Nunc ego Triptolemi cuperem consistere curru,
  misit in ignotam qui rude semen humum;
nunc ego Medeae uellem frenare dracones,
  quos habuit fugiens arce, Corinthe, tua[83].

Ma la presenza del nome "Filliroe" nelle elegie del Balbi, così come l'introduzione del verbo *opto*, rende sicura la dipendenza dal

---

[81] Ivi, vv. 55s.: «vorrà salire sui carri veloci di Medea / sui piedi alati di Mercurio, sul carro di Triptolemo».

[82] Strozzi *Erot.* IV 5 (VI 10 in V), vv. 33-40: «Tuttavia non vorrei salire sul carro di Trittolemo, / né montare sul veloce cavallo di Bellerofonte, / oppure volare per aria con le lievi piume di Perseo, / o correre con tuo carro, furiosa Medea; / né cercherei le arti di Zoroastro o l'aiuto / di formule magiche, o una fuga degna di Dedalo, / né, se mi fosse possibile, cercherei di mettermi ai piedi / i talari dipinti di Mercurio dal cappello alato».

[83] Ovid. *Trist.* III 8, 1-4: «Ora bramerei essere sul carro di Trittolemo, che sparse semi mai coltivati sulla terra che non li conosceva; ora vorrei guidare i draghi che aveva Medea quando fuggì dalla rocca di Corinto (trad. Lechi 1993, 236s.).

modello strozziano, ben oltre l'influsso del comune archetipo classico. Del resto il mito di Trittolemo, specie in abbinamento con Medea, non è stato particolarmente presente nella poesia elegiaca rinascimentale, e riappare solamente quando un poeta mostra di fare esplicito riferimento a Tito Strozzi.

L'unico altro autore a me noto che utilizza metafore simili è Marcantonio Aldegati[84], non a caso in una elegia indirizzata *Ad dominum Titum Strociam*:

> *Icare, sive tuas alas mihi fata darentque,*
> *sive tuas Perseu, Daedale, sive tuas,*   10
> *sive ego Triptholemi currus ascendere possem,*
> *sive ego Medeae, sive ego, Phoebe, tuos …*[85].

Il componimento che l'Aldegati dedica allo Strozzi riguarda l'incapacità del poeta di liberarsi dalle sue passioni: per sfuggire all'amore si rifugia in luoghi solitari, foreste, campi, che ricordano da vicino i luoghi in cui Tito cerca conforto dopo la morte di Filliroe:

> *Saepe per umbrosas silvas, per devia rura,*
> *fugi ego per montes, per iuga summa, Tite*[86].

---

[84] Umanista e poeta latino del Quattrocento, originario di Mantova, autore di un poemetto elegiaco (la *Cynthia*), di un altro *corpus* elegiaco e di una *Gigantomachia*. Per l'edizione delle sue opere cfr. Bottari (1980).

[85] Aldegati *Cynth.* XX 9-12 («Sia se il fato mi fornisse le tue ali, o Icaro, / sia le tue, Perseo, oppure le tue, Dedalo, / sia se potessi salire sul carro di Trittolemo, / sia su quello di Medea, o sui tuoi, Apollo [...]»). I vv. 11s. dell'elegia sono riutilizzati dall'Aldegati, con una minima variazione, in *Eleg.* XV 9s.: *Sive ego Triptholemi currus conscendere possem / Sive ego Medeae, sive ego, Phoebe, tuos.*

[86] Ivi, vv. 3s.: «Spesso per boschi ombrosi, per campi solitari / sono fuggito, e per monti, per alte vette, o Tito». Il poeta utilizza il v. 4 anche in *Eleg.* XV 3.

L'immagine della sua fanciulla, Cinzia, gli ritorna in mente in ogni circostanza, segno di un continuo amore:

Si vado, si sto, si dormio, Cynthia mecum est,
  mecum rure manet, mecum et in urbe manet[87].

È qui possibile notare una certa affinità col più volte citato *incipit* dell'elegia *Ad Carolum* dello Strozzi, caratterizzato da un anafora del *si*. È probabile dunque che Marcantonio Aldegati avesse presente il ciclo di Filliroe, che utilizza non solo come fonte diretta, ma anche come modello di gusto classicistico, che consente il recupero dello stesso passo ovidiano dei *Tristia*[88].

Rispetto a questi autori, meno diretta può, infine, apparire la memoria di Ariosto: il quale comunque, pur senza citare il nome di Tito, dedica anch'egli un carme amoroso ad una Filliroe. Spesso, nelle varie edizioni delle opere latine ariostesche[89], si è giustificato l'uso di tale pseudonimo come citazione dai classici latini. Bisogna però sottolineare che Filliroe (o anche Filloroe), contrariamente a Anzia – presente in Senofonte Efesio – non è nome della classicità latina, dove al massimo è possibile rintracciare Fillide, Filliride; questo elemento avvalora senzam dubbio la tesi che l'Ariosto avesse bene in mente le elegie strozziane, quando scrisse i versi che seguono:

Quid Galliarum navibus aut equis
Paret minatus Carolus, asperi
  Furore militis tremendo,
    Turribus Ausoniis ruinam;

---

[87] Ivi, vv. 47s.: «Se cammino, se sto fermo, se dormo, Cinzia è con me, / è con me quando sto in campagna, è con me quando resto in città».

[88] L'affinità dei versi di Aldegati col passo citato dei *Tristia* è segnalata da Bottari (1980, 90-3).

[89] Da ultimo in Santoro (1989).

Rursus quid hostis prospiciat sibi,　　　　　　　　　　　5
Me nulla tangat cura, sub arbuto
　　Iacentem aquae ad murmur cadentis
　　　Dum segetes Corydona flavae
Durum fatigant. Philiroe, meum
Si mutuum optas, ut mihi saepius　　　　　　　　　　10
　　Dixisti, amorem fac corolla
　　　Purpureo variata flore
Amantis dum circumeat caput,
Quam tu nitenti nexueris manu;
　　Mecumque cespite hoc recumbens　　　　　　　15
　　　Ad citharam canito suave[90].

Il componimento contiene una *recusatio* dall'eco oraziana, che si estende in tutta la prima parte[91]: espediente che ricorda da presso quello strozziano dell'amico immaginario, avido di conversazioni d'argomento politico. Ariosto sembra non usare il nome Filliroe solo come pseudonimo della donna amata, ma pare anche riconoscere in esso il simbolo di una poesia amorosa decisamente alternativa alle tematiche politiche e militari; e anche in questo egli segue lo Strozzi: nella prima elegia, infatti, viene inserita una lunga digressione storica, appena dopo l'auspicio, da parte dell'autore, di

---

[90] Testo tratto da Segre (1954, 6-9): «Che cosa appresti Carlo colle navi e coi cavalli delle Gallie, minacciando rovina alle torri d'Italia col furore tremendo dei guerrieri crudeli; e ancora, come cerchi di provvedere a sé il suo nemico: di questo non mi tocchi alcun pensiero, mentre giaccio sotto un albatro, al murmure di una cascatella, e intanto le bionde messi affaticano Coridone gagliardo. O Filiroe, se vuoi, come più volte mi dicesti che io ricambi il tuo amore, fa che le tempie del tuo amante, umide di vino, cinga una ghirlanda screziata di fiori purpurei che tu abbia intrecciato colle candide mani, e meco, stesa su queste zolle, canta soavemente al suono della cetra» (trad. Segre).
[91] Secondo Bertoni (1919, 19) «d'amore di Filiroe gli è quasi scudo alle avversità dei tempi e questo tratto di vigile onestà ci fa quasi dimenticare l'epicureismo diffuso in tutta la breve poesia».

non trovarsi costretto ad affrontare quei temi. Più che una contraddizione, direi che si tratta di un ricercato effetto ironico: l'interruzione, infatti, è dissonante rispetto ai versi d'amore, così come la politica e la guerra dissuonano rispetto all'elegia, unica forma che il poeta si sente di affrontare. Ariosto applica lo stesso schema; e non sarà certo un caso se il carme, nella sua prima redazione, *Carm. I bis*, si intitolava *De vita quieta ad Philiroen*[92].

In realtà il nome di Filliroe viene rievocato – ma solo come termine di paragone – anche in *Carm.* II, componimento tramandatoci sotto il nome di *Ad Pandulphum*:

> *Qui certantia purpurae*
> *Dum vina in tenero gramine ducimus,*
> *Vincti tempora pampino,*
> *Aut serto ex hedera, sanguinea aut rosa,*
> *Quod vel candida nexuit*   20
> *Phyllis vel nivea Philiroe manu,*
> *Tum praedivitis haud movent*
> *Me vel regna Asiae, ven ferus Adria*
> *Quicquid puppe vehit gravi,*

---

[92] Il componimento, tramandatoci dal ms. *Aliquot carmina autographa L.A ferrariensis*, senza segnatura, della Bibl. Comunale di Ferrara, presenta un'oscillazione sul nome della ragazza. Bolaffi, nella sua edizione critica della lirica latina di Ariosto (su cui si basano tutte le successive: cfr. Bolaffi 1934, XII; 3s.; 63s.), accoglie a testo, al posto del nome *Philiroe*, quello di *Passiphile*, nonostante il titolo rimanga sempre *De vita quieta ad Philiroen*. Come nota giustamente Segre: «Più che correzione, però, credo che si tratti di un dubbio, di una proposta a se stesso: il titolo infatti continua ad avere *Philiroen*; volendo accettare la proposta andrebbe mutato pure il titolo» (Segre 1954, 1168-71). È probabile che l'Ariosto, ancora indeciso sul nome da dare alla fanciulla, abbia formulato diverse soluzioni; ma nella redazione definitiva, ovvero *Carm.* I, non c'è dubbio sul nome di Filliroe. Questo cambiamento di pseudonimo rafforzerebbe la tesi che il poeta tenesse ben presente la fanciulla amata dallo Strozzi.

Quare saepe minas aequoris horream,   25
  Ut me fictilia, in quibus
Ulnis Philiroe candidulis mihi
  Lac formosa coegerit,
Delectant potius quam Siculi dapes
  Regis, quas teneat nitens   30
Aurum; sede licet collocer aurea,
  Quem circum pueri integri
Adsint, ut veteris pocula Massici
  Propinent![93] ...

Anche in questi versi, come in quelli strozziani, il carattere
distintivo di Filliroe è il "candore" (v. 21 *nivea manu*; v. 27 *candidulis
ulnis*). Ma soprattutto Ariosto, dichiarando di preferire Filliroe e
Fillide allo sfarzo dei regni orientali, sembra ancora guardare allo
Strozzi, alla fanciulla per amore della quale si possono disprezzare
ricchezze e trofei:

  Tunc ego non dubitem Croesi contemnere gazas,
    et tot Pelleae clara trophaea domus[94].

In virtù delle elegie dedicatele da Tito, dunque, Costanza dal
Canale sopravvive nella memoria di numerosi altri poeti, talvolta in

---

[93] *Carm.* II 16-34: «Ché, mentre noi beviamo sulla tenera erbetta vini rossi come
la porpora, coronati le tempie di pampini, o di un serto d'edera, o di rose
sanguigne che ha intrecciato la candida Fillide, o con le sue nivee mani Filiroe,
allora non m'importano i regni della opulenta Asia, ne quante ricchezze il
tempestoso Adriatico fa passare nelle pesanti navi, onde io spesso tema le
minacce del mare. Come le crete, in cui Filiroe bella con candidette braccia per
me abbia accolto il latte, più mi sono gradite che le imbandigioni del re della
Sicilia, servite in oro risplendente, anche se fossi posto in un seggio dorato, e se
mi circondassero venusti paggi per versarmi coppe di vecchio Massico!» (trad.
Segre 1954, 10-3).
[94] Strozzi *Erot.* IV 5 (VI 10 in V), vv. 143s.: «Allora io non dubiterei di disprezzare
le ricchezze di Creso / e i tanti illustri trofei della reggia macedone».

prima persona, talvolta ispirando nomi o fattezze di altre donne. Sia il Balbi che l'Ariosto, recuperando la figura di Filliroe (il primo direttamente, il secondo in maniera più mediata), ne ripropongono la natura bucolica, serena, solitaria. D'altra parte, come in Balbi ella incarna una poetica che si contrappone ai componimenti che trattano di guerra o di avventura, così il Lazzarelli la inserisce sotto l'egida di Venere. Boiardo, Tribraco e Guarini ricordano una Filliroe pastorale, riconoscendo allo Strozzi una meritata autorità bucolica. È poi interessante notare come l'amata di Tito (coi suoi vari pseudonimi) sia in questi autori sempre identificata con Filliroe, quasi ella rappresentasse l'amore finale e definitivo dell'intero *Eroticon*. Generalmente si è soliti associare a Tito Vespasiano Strozzi la figura di Anzia, così come si accosta Lesbia a Catullo, Cinzia a Properzio o Delia a Tibullo; e certo Anzia questo ruolo lo merita in pieno, essendo protagonista assoluta dei primi quattro libri dell'*Eroticon*: ella incarna perfettamente il ruolo dell'eroina elegiaca, anche se lo sguardo che le rivolge il poeta rivela spesso piuttosto una sensibilità petrarchesca. Ma se il rapporto con Anzia può essere considerato parte fondamentale dell'*Eroticon*, il ciclo dedicato a Filliroe sicuramente non ne rappresenta una parentesi trascurabile: non a caso, sarà lo stesso Strozzi a indicare entrambe le fanciulle come ispiratrici dei suoi versi amorosi (pur nel distacco imposto dalla forma del paragone poetico) nei versi finali di *Erot.* VIII 1, elegia indirizzata a Giovanni Pico della Mirandola: *Tunc mihi carmen erit cum Phyllide Paeona, quas nec / Anthia, nec poterit vincere Phyliroe*[95]. E non diversamente, a distanza di tanti anni, si comporterà Ercole Strozzi (il figlio – famoso poeta anch'egli – nato a Tito dal matrimonio celebrato nel 1470 con

---

[95] Strozzi *Erot.* VIII 1, parte II (*Aeol.* III 2 in V), vv. 404s.: «allora sarà mio canto Peona con Fillide / le quali né Anzia potrebbe superare né Filliroe». Riguardo ai rapporti tra lo Strozzi e Pico ricavabili dal componimento, cfr. Speyer (1964, 27s.).

Domitilla Rangone): il quale, nella sua commovente elegia in morte del padre Tito (*Titi Vespasiani Strozae poetae illustris epicedium per Herculem filium*, 1505), ripercorrendo le tappe fondamentali della vita poetica paterna, ricordò così la sincera Filliroe, che aveva preso il posto della malfida Anzia:

Post ubi falsa fidem iurataque numina laesit
Anthia, Philloroe nullis subit illita fucis,
* moribus et facie magnis aequanda deabus*[96];

versi in cui Ercole mostra chiaro il ricordo dei già citati vv. 9-12 dell'elegia *Ad Carolum*:

Si quid amem quaeres, ubi nos male fida reliquit
* Anthia, successit candida Philiroe:*   10
Philiroe nullis faciem perfusa venenis,
* cui proprius roseo fulget in ore color*[97].

Il testo di Ercole Strozzi non contiene riferimenti alla triste fine della fanciulla, qui esclusivamente dipinta come colei che, grazie alla sua bellezza e alla sua gentilezza d'animo, prende nei testi poetici di Tito il posto di Anzia. L'omaggio di Ercole è soprattutto estetico: riprendendo – quasi alla lettera – espressioni paterne, egli implicitamente riconosce al ciclo dedicato a Filliroe un grande valore poetico. Così fu anche per gli altri lettori del tempo: pur non potendo raggiungere le dimensioni di un canzoniere, data la breve vita concessa a Costanza, il ciclo a lei dedicato fu subito apprezzato come un episodio lirico che, nella sua *brevitas*, costituiva uno stadio

---

[96] Ercole Strozzi *Carm.* XVIII 161-4: «E dopo che la falsa Anzia violò la fedeltà e gli dei chiamati a testimoni, / le successe Filliroe, priva di ogni inganno, / da ritenersi per costumi ed aspetto pari alle dee» (si cita da V). Per un profilo biografico del figlio di Tito, cfr. Barotti (1792, vol. II, 165-86).
[97] Strozzi *Erot.* IV 5, vv. 9-12 (già tradotti nella n. 28).

fondamentale nell'evoluzione letteraria dell'*Eroticon*, e un riferimento prezioso per quanti vedranno in esso un modello con il quale confrontarsi.

Bibliografia

Albrecht, R. (1891) *Tito Vespasiano Strozzi, Ein Beitrag zur Geschichte des Humanismus in Ferraram*, Leipzig, Teubner

Allen, P.S. (1902) Hieronymus Balbus in Paris, In *The English Historical Review*, 17, 417-28

Arnaldi, F., Gualdo Rosa, L., Monti Sabia, L. (a cura di) (1964) *Poeti latini del Quattrocento*, Milano, Ricciardi
Barotti, G. (1792) *Memorie istoriche di letterati ferraresi*, Ferrara, Eredi di Giuseppe Rinaldi

Beleggia, B. (2006) *Echi petrarcheschi negli* Eroticon libri *di Tito Vespasiano Strozzi*, in Calitti, F., Gigliucci, R. (a cura di) *Il Petrarchismo. Un modello di poesia per l'Europa*, Vol. II, Roma, Bulzoni, 553-68

Bertoni, G. (1919) *L'Orlando furioso e la rinascenza a Ferrara*, Modena, Orlandini
Bolaffi, E. (a cura di) (1934) *Ludovici Areosti Carmina: praefatus est, recensuit, italice vertit, adnotationibus instruxit Aetius Bolaffi*, Pisauri, Typ. Off. Polygraphicae.

Bottari, G. (1980) *Marcantonio Aldegati, poeta latino del Quattrocento*, Messina, Il Vespro

Carducci, G. (1876) *Delle poesie latine edite e inedite di Ludovico*

Ariosto, Bologna, Zanichelli

Carrai, S. (a cura di) (1996) *Matteo Maria Boiardo, Pastoralia*, Padova, Antenore

Carrai, S. (1998) *La formazione di Boiardo. Modelli e letture di un giovane umanista*, in *Rinascimento*. N.s. 38. 345-404

Charlet-Mesdjian, B. (1999) *Le bestiaire de l'Eroticon de Tito Vespasiano Strozzi*, in *Res publica litterarum*, 22, 175-84

Charlet-Mesdjian, B. (2004) *La perception* du paysage *dans la poesie elegiaque di Tito Vespasiano Strozzi*, in Scanu, A.M. (a cura di) *La percezione del paesaggio nel Rinascimento*, Bologna, CLUEB. 329-42

von Chledowski, C. (1921) *Der Hof von Ferrara*, Monaco, G. Muller

Corfiati, C. (a cura di) (2006) *Ludovico Lazzarelli. De gentilium deorum imaginibus*, Messina, Centro Interdipartimentale di Studi Umanistici

Della Guardia, A. (1910) *Gaspare Tribraco de' Trimbocchi*, Modena, Società Tipografica Modenese

Della Guardia, A. (a cura di) (1916) *Tito Vespasiano Strozzi: poesie latine tratte dall'Aldina e confrontate coi codici*, Modena, Blondi & Parmeggiani

Dilemmi, G. (1996) *"L'amico del Boiardo" e il canzoniere per la Fenice*, in Albonico S., Comboni A., Panizza G., Vela C. (a cura di) *Per Cesare Bozzetti. Studi di letteratura e filologia italiana*, Milano, Fondazione Arnoldo e Alberto Mondadori. 55-68

Fedeli, P. (1989) *Il poeta lapicida*, In Pierart M., Curty O. (a cura di) *Historia Testis; Mélanges d'épigraphie, d'histoire ancienne et de philologie offerts à Tadeusz Zawadzki*, Fribourg, Editions universitaires Fribourg Swisse, 76-96

Frizzi, A. (1791) *Memorie per la storia di Ferrara*, Vol. IV, Ferrara. Francesco Maria Pomatelli

Guarini, B. (1496) *Poema divo Herculi Ferrarensium duci dicatum*. Modena, Domenico Rocociola

Lechi, F. (a cura di) (1993) *Publio Ovidio Nasone. Tristezze*, Milano. BUR

Lefèvre, E. (1999) *Die Metamorphose des catullischen Sperlings in einen Papagei bei Ovid (Amores 2.6) und dessen Apotheose bei Statius, Strozzi, Lotichius, Beza und Passerat*, in Schubert, W. (Hrsg.) *Ovid, Werk und Wirkung: Festgabe für Michael von Albrecht zum 65. Geburtstag, Studien zur klassischen Philologie 100*, Frankfurt am Main, Lang, 111-35

Mustard, W.P. (1918) *The eclogues of Faustus Andrelinus and Ioannes Arnolletus*, Baltimora, The Johns Hopkins Press

Pantani, I. (2002) *La fonte d'ogni eloquenzia: il canzoniere petrarchesco nella cultura poetica del Quattrocento ferrarese*. Roma. Bulzoni
Pistilli, G. (2003) *Guarini, Guarino*, in *Dizionario Biografico degli Italiani*, Vol. LX, Roma. Istituto della Enciclopedia italiana. 339-45

Prete, S. (1968) *Some unknown poems by Tito Vespasiano Strozzi*, Fano, Typis Paulinis

von Retzer, J. (a cura di) (1791-1792) *Hieronymi Balbi veneti gurcensis olim episcopi. Opera poetica, oratoria, ac politico-moralia.* Vienna. Joseph Stahel. 2 Voll

Rill, G. (1963) *Balbi, Girolamo,* in *Dizionario biografico degli Italiani.* Vol. V. Roma. Istituto della Enciclopedia italiana. 370-4

Saci, M.P. (1999) *Ludovico Lazzarelli da Elicona a Sion*, Roma, Bulzoni

Santoro, M. (a cura di) (1989) *Ludovico Ariosto. Carmina, Rime, Satire, Erbolato, Letter,* Torino. UTET

Segre, C. (a cura di) (1954) *Lodovico Ariosto. Opere minori*, Milano-Napoli, Ricciardi

Speyer, W. (a cura di) (1964) *Giovanni Pico della Mirandola. Carmina latina*, Leiden, Brill

Tissoni Benvenuti, A. (2004*) Prime indagini sulla tradizione degli Eroticon libri di Tito Vespasiano Strozzi.* in *Filologia Italiana*, 1. 345-404

Tournoy-Thoen, G. (1981) *La tecnica poetica di Girolamo Balbi.* in Tarugi, G. (a cura di) *Ecumenismo della Cultura. Teoria e prassi della poetica dell'Umanesimo: onoranze a Giovanni Boccaccio.* Atti del 12. Convegno internazionale del Centro di Studi Umanistici (Montepulciano, Palazzo Tarugi, 1975), Vol. I, Firenze. Olschki. 101-23

Venturini, G. (1970) *Un umanista modenese nella Ferrara di Borso d'Este: Gaspare Tribraco*, Ravenna, Longo

Venturini G. (1978) *Il Bucolicon carmen di G. Tribraco*, in *Giornale filologico ferrarese*, 1, 96-108

Verziagi, I. (2003) Per Costanza Costabili, la Fenice. In Tissoni Benvenuti, A. (a cura di) *Gli* Amorum libri *e la lirica del Quattrocento.* Novara, Interlinea, 81-102

Ziolkowski, J.M. (1987) *Tito Vespasiano Strozzi's Ad Psyttacum: a Renaissence latin poet parrots the past,* in *Harvard Library Bullettin.* 35. 139-49

La medaglia di Sperandio de' Savelli per Tito Vespasiano Strozzi e la tomba di Protesilao

L'*Ashmolean Museum* di Oxford conserva una medaglia di Sperandio de' Savelli (1425 ca. - 1504)[98] per Tito Vespasiano Strozzi[99] (1424-1505), celebre umanista ferrarese.

L'opera, risalente agli anni settanta del '400 circa[100], presenta sul recto l'effige dell'umanista, e sul verso una figura maschile in evidente posa malinconica, seduta su di una roccia, sotto un albero, in quello che parrebbe un tipico *locus amoenus* boschivo, che lascia intravedere – in lontananza – un borgo abitato.

L'immagine farebbe pensare ad un generico *topos* elegiaco o bucolico, ma un dettaglio consente forse di riconoscere nella scena un episodio mitologico: l'albero è per metà privo di foglie. E più precisamente la parte rigogliosa è rivolta verso i boschi, la metà spoglia guarda verso la città abitata.

Tra i vari studi e descrizioni della medaglia, si preoccupano di interpretare la scena G.B. Ladner e, più recentemente M. Ruvoldt: il primo ricollega l'albero per metà spoglio ad una non precisata allusione alla leggenda della Croce (Ladner [1983, 753n]), la seconda interpreta il protagonista come malinconico e dormiente, metafora dell'ispirazione poetica, ipotizzando che l'albero per metà rinverdito alludesse ad un ritorno dello Strozzi alla composizione poetica della sua *Borisias* (Ruvoldt [2004, 8-14]).

Nessuno, però, ha mai tentato di mettere in relazione la raffigurazione sulla medaglia con episodi interni all'opera

---

[98] Cfr. Pollard (1984-5, 778).

[99] Per una bibliografia aggiornata sullo Strozzi, cfr.. Caterino (2012) e Caterino (2013).

[100] La datazione precisa della medaglia è sconosciuta, ma sulla base di un confronto con altri ritratti dello Strozzi è possibile supporre che sia del 1473-76 ca. Cfr. Lloyd (1987, 99-113).

strozziana.

La mia ipotesi, che andrò qui ad illustrare, è che la scena alluda al mito del sepolcro di Protesilao, in relazione alla morte dell'amata del poeta, Filliroe, vittima della peste di Ferrara.

La versione più nota del mito è tramandata da Filostrato, all'interno dell'*Eroico*:

Κεῖται μὲν οὐκ ἐν Τροίᾳ ὁ Πρωτεσίλεως ἀλλ'ἐν Χερρονήσῳ ταύτῃ. Κολονὸς δέ που ὁ ἐν ἀριστερᾷ. Πτελέας δὲ ταύτας αἱ νύνφαι παρὰ τῷ κολωνῷ εφύτευσαν, καὶ τοιόνδε ἐμὶ τοῖς δένδρεσι τούτοις ἔγραψάν που αὗται νόμον· τοὺς πρὸς τὸ Ἴλιον τετραμμίνους τῶν ὄζων ἀνθεῖν μὲν πρωΐ, φυλλορροεῖν δὲ αὐτίκα καὶ προαπόλλυσθαι τῆς ὥρας· τοῦτο δὴ τὸ τοῦ Πρωτεσίλεω πάθος· τῷ δὲ ἑτέρῳ μέρει, ζῆν τὸ δένδρον καὶ εὖ πράττειν. Καὶ ὁπόσα δὲ τῶν δένδρον μὴ περὶ τὸ σῆμα ἔστηκεν, ὥσπερ καὶ ταυτὶ τὰ ἐν τῷ κήπῳ, πᾶσιν ἔρρωται τοῖς ὄζοις, καὶ θαρσεῖ τὸ ἴδιον[101]

Anche Plinio descrive la tomba di Protesilao circondata di alberi sempre rigogliosi, i cui rami, non appena fossero arrivati ad essere alti abbastanza da guardare verso Troia, si sarebbero seccati per poi di nuovo ricrescere

sunt hodie ex adverso Iliensium urbis iuxta Hellespontum in Protesilai sepulchro arbores, quae omnibus ex eo aevis, cum in tantum adcrevere, ut Ilium aspiciant, inarescunt rursusque adolescunt[102].

A differenza di Filostrato, Plinio sembra supporre che sia l'intero albero, cresciuto al punto da guardare la città, ad appassire per poi rigenerarsi.

E questa versione del mito è nota anche a Antifilo di Bisanzio,

---

[101] Philostr. *Her.* 2.1, ed. Boissonade (1806)
[102] Plin. *Nat. Hist.* VI 238, ed. Desfontaines (1829)

nel VII libro dell'Antologia Palatina:

Θεσσαλὲ Πρωτεσίλαε, σὲ μὲν πολὺς ἄσεται αἰών,
  Τροίᾳ ὀφειλομένου πτώματος ἀρξάμενον·
σᾶμα δὲ τοι πτελέῃσι συνηρεφὲς ἀμφικομεῦσῃ
  Νύμφαι, ἀπεχθομένης Ἰλίου ἀντιπέρας.
Δένδρα δὲ δυσμήνιτα, καὶ ἤν ποτε τεῖχος ἴδωσι
  Τρώϊον, αὐαλέην φυλλοχοεῦντι κόμην.
ὅσσος ἐν ἡρώεσσι τότ᾽ ἦν χόλος, οὗ μέρος ἀκμὴν
  ἐχθρὸν ἐν ἀψύχοις σώζεται ἀκρέμοσιν[103].

Alla versione di Filostrato sembra rifarsi invece un testo di
Filippo di Tessalonica, sempre tra gli epigrammi dell'Antologia
Palatina:

Ἥρως Πρωτεσίλαε, σὺ γὰρ πρώτην ἐμύησας
  Ἴλιον Ἑλλαδικοῦ θυμὸν ἰδεῖν δόρατος,
καὶ περὶ σοῖς τύμβοις ὅσα δένδρεα μακρὰ τέθελε,
  πάντα τὸν εἰς Τροίην ἐγκεκύεκε χόλον·
Ἴλιον ἢν ἐσίδῃ γὰρ ἀπ᾽ἀκρεμόνων κορυφαίνων,
  καρφοῦται, πετάλων κόσμον ἀναινόμενα.
θυμὸν ἐπὶ Τροίῃ πόσον ἔζεσας, ἡνίκα τὴν σὴν
  σώζει καὶ στελέχη μῆνιν ἐπ᾽αὐτιπάλους[104].

Esistono poi anche altre descrizioni differenti del sepolcro di
Protesilao, che comunque vedono per protagonisti gli alberi.
Curzio Rufo, ad esempio, racconta che

circa tumulum crebrae ulmi sunt, ex quarum ramis folia, matutino tempore

---

[103] *Anth. Pal.*, VII141, ed. Paton (1919)
[104] *Anth. Pal.*, VII 385 (Filippo)

enata, statim defluere videtur: ita acerbum fatum Protesilai exprimere dicuntur, qui prima Troiani belli victima fuit[105].

All'interno del poema più noto e importante di Tito Vespasiano Strozzi – l'*Eroticon* – è possibile isolare un ciclo elegiaco dedicato a Filliroe, pseudonimo di tale Costanza del Canale, morta di peste nel 1463 e – stando allo struggente epigramma funebre dello Strozzi – sepolta vicino alle sue terre[106].

> *Ipse tuum nostro signavi carmine bustum,*
> *Qua Padus illabens rura paterna videt;*
> *At quicunque leget miseri monimenta doloris,*
> *Verba sibyllino tradita ab ore putet.*
> *Qua nihil in terris tulit haec pretiosius aetas,*
> *Quae potuit credi, dum fuit, esse Dea,*
> PHILIROE IACET HIC, TENERIS EXTINCTA SUB ANNIS,
> PROXIMA FERRARIAE DUM TENET ARVA SUAE,
> TEMPORE QUO MISERA PESTIS BACCHATUR IN URBE,
> NEC FORS VICINIS PARCIT INIQUA LOCIS.
> CRUDELES NIMIUM DIVI, CRUDELIA FATA,
> PERDERE QUAE TANTUM SUSTINERE DECUS[107]!

Il poeta segna con un carme il suo sepolcro, in prossimità delle rive del Po, affinchè il ricordo della fanciulla possa sopravvivere a quelle sventure.

---

[105] Curt. Ruf. II 3, 24, ed. Weise (1840)

[106] Emblematico, in tal senso, l'incontro tra il motivo petrarchesco della morte dell'amata, lontana – in vita - dai capricci delle dominae della classicità, ed alcuni topoi eminentementi elegiaci, uno per tutti i frequenti parallelismi mitologici disseminati nei testi. Il ciclo e la sua fortuna sono ampiamente descritti in Caterino (2011). Per una analisi delle peculiarità di tali innovazioni strozziane, cfr. Pantani (2002).

[107] Strozzi *Erot.* V 13, 177-8

All'interno della prima elegia che lo Strozzi dedica a Filliroe (EROT. IV 5) viene descritta la villa della *puella*, nonché le sue quotidiane abitudini, secondo una rappresentazione vicina alla classica *imagerie* bucolica.

Ecce, diu latitans aperitur villa remotis
  arboribus, carae villa beata deae[108]!
[...]
Felices agri, fortunatique coloni
  quaeque simul colitis rura benigna Deae.
Namque ubi vere novo genialia tendit in arva
  vobiscum dulces protrahit illa moras.
Vobiscum loquitur, vobiscum carmina cantat,
  vobiscum faciles exhilaratque choros.
Et modo pomosis pariter spatiatur in hortis
  et modo plena vago retia pisce trahit.
Nunc manibus doctis imitatur Palladis artes,
  nunc molles elegos, et mea verba legit[109].

Questo primo testo, il cui tema è un viaggio che Tito deve affrontare per raggiungere la sua amata, lega indissolubilmente Filliroe ad un mondo campestre e ameno. È quindi naturale che Strozzi associ la mememoria dei momenti trascorsi con la fanciulla – ormai finiti – ad ambientazioni silvestri.

Anche per questo sceglie i boschi per piangere la morte dell'amata e per ricordarla, come se anche essi sentissero il dolore del distacco.

Quae si forte times hominum vulgare per ora,
  silva locum lacrimis praebet opaca tuis.

---

[108] Strozzi *Erot.* IV 5, 137-8
[109] *Ibid.*, vv. 160-70

Silva locum praebet lacrimis, ubi semita nulla
cernitur, humani signa nec ulla pedis
Hic querulas tantum volucres habitare ferasque
credibile est, procul hinc arbiter omnis abest.
Sol, cuius radios umbrosa cacumina silvae,
huc vix oppisitis frondibus ire sinunt,
qui nunc Haemonij non immemor ignis et undae
forsitan hic mecum condoliturus ades[110]

L'immagine di Sperandio descriverebbe perfettamente la situazione: un Tito piangente, malinconico, seduto sotto un albero, tra i campi, non lontano da Ferrara, presso il sepolcro di Filliroe («dove il Po bagnava i campi paterni»). L'albero metà spoglio rivolto verso la città a questo punto alluderebbe proprio al fatto storrico della peste di Ferrara, che – tra le vittime – avrebbe ucciso anche Costanza del Canale; la metà ancora ricoperta di foglie, rivolta verso i campi (nonostante il *triste officium* di essere custodi di un così grande dolore) , sarebbe una rappresentazione di un ricordo sempre vivo della giovane fanciulla. Sperandio, dunque, avrebbe eternizzato i concetti di morte, pianto e ricordo.

Tra i vari riferimenti mitologici riscontrabili nelle elegie a Filliroe, Tito Strozzi non fa riferimento alcuno a Protesilao, eppure il *senhal* di Costanza, Filliroe – chiamata anche Filloroe in alcuni ms. e stampe – sembra tradire una forte etimologia greca: φυλλορροεῖν ossia "perdere le foglie", a questo punto non solo nell'accezione generale di morire giovane. Se dunque l'origine di questo nome parlante, da sola, non sarebbe bastata a ricollegare la fanciulla strozziana e la sua triste fine al mitologico sepolcro di Protesilao (nome parlante e comunque richiamante la profezia mortale), tenendo in considerazione l'opera di Sperandio il cerchio inizierebbe a chiudersi.

---

[110] Strozzi, *Erot.* V 13, 11-20

Sperandio, dunque, nella sua medaglia, raffigurando l'episodio più famoso dell'*Eroticon* strozziano, espliciterebbe un'allusione già presente a testo, mettendo altresì ben in risalto – con l'albero per metà secco – la vicenda storica della peste ferrarese. Tema che sarà ripreso dallo Strozzi, con parole molto simili all'epitaffio di Filliroe (nonché dalla forte eco virgiliana) all'interno della sua *Borsias*, in cui «pestis atrox passim bacchatur[111]».

Il Tito piangente del verso della medaglia sarebbe dunque un coltraltare di Laodamia disperata per la morte del marito, prima di supplicare Ade di poterlo riabbracciare per qualche ora.

Anche all'interno delle elegie si fa riferimento ad una improbabile speranza di ritorno dell'amata, tirando però in ballo il mito di Orfeo ed Euridice.

Si possent aliqua caelestia numina flecti,
  nec vetitum certis legibus esset iter,
quod prius obtinuit stygijs a manibus Orpheus,
  sollicito superi nunc mihi forte darent.
Si proprios iterum levis umbra rediret in artus
  carpere concessas me duce iussa vias,
forsitan admonitus quo rursum perdita pacto
  flentem moesta virum liquerit Eurydice,
cautinus ingrederer nocitura pericula vitans,
  et quaecumque solent gaudia magna sequi[112].

Invertendo il mito di Protesilao, è Tito che piange la morte dell'amata. Nè sarebbe l'unica inversione mitologica inerente allo Strozzi: nell'elegia finale del ciclo (EROT. VI 13) – dedicata al pappagallo di Filliroe – è proprio quest'ultimo che pare sentire fortemente la mancanza della sua padrona. E questa è

---

[111] Strozzi, *Borsias* IX, 404
[112] Strozzi *Erot.* V 13, 93-102

un'inversione del *topos* (di sapore alessandrino) dell'epicedio all'animaletto domestico: si pensi alla tristezza del vuoto lasciato dalla scomparsa del pappagallo in Stazio (Sil. 2,1), al pappagallo ovidiano, che sembrava dire addio a Corrina, poco prima di morire (Amor. 2,6), ma anche – se vogliamo – al celebre passerotto defunto di Lesbia, compianto da Catullo.

In conclusione, alla luce dei molti e concordanti indizi, la medaglia di Sperandio altro non è che una raffigurazione della morte di Filliroe, considerata – a questo punto già forse dallo stesso Strozzi, che certamente avrà avuto voce in capitolo nella realizzazione dell'opera – l'episodio più rappresentativo dell'intero *Eroticon*. E ciò è ulteriore prova dei vari tributi poetici che altri umanisti offriranno all'amore tra Tito e Filliroe.

Bibliografia

Boissonade, J.F (1806), *Philostrati Heroica: Ad fidem codicum manuscriptorum IX recensuit*, Parigi, Delance

Caterino, A.F. (2011), *Filliroe e i suoi poeti: da Tito Strozzi a Ludovico Ariosto* in Annali online di lettere – Ferrara, Voll. 1-2 (2011), pp 182-208.

Caterino, A.F. (2012), *Per uno Status quaestionis degli studi sull'*Eroticon *di Tito Vespasiano Strozzi,* in Spolia – Journal of medieval studies, Ottobre 2012

Caterino, A.F. (2013), *Tito Vespasiano Strozzi* - Eroticon, scheda «TLIon – Tradizione della letteratura italiana online», Febbraio 2013

Desfontaines, R.L. (a cura di) (1829), *Caii Plinii Secundi historiæ naturalis libri 37*, Parigi, Lemaire

Ladner, G.B. (1983) *Images and ideas in the middle ages*, Roma, Edizioni di Storia e Letteratura

Lloyd, Ch. (1987) Lloyd, *Reconsidering Sperandio*, in *Studies in the History of Art*, vol. 21, Italian Medals, Hannover-London, National Gallery of Art, Washington, pp. 99-113

Pantani, I (2002), *«La fonte di ogni eloquentia»: Ii canzoniere petrarchesco nella cultura poetica del Quattrocento ferrarese*, Roma, Bulzoni

Paton, W. R. (1919), *The greek anthology: with an English translation by W. R. Paton*, London, William Heinemann, New York, G. P. Putnam's sons, 1919, Vol. II

Pollard, J. (1984-5), *Medaglie italiane del Rinascimento*, Firenze, Museo nazionale del Bargello, vol. I

Ruvoldt, M. (2004)
M. Ruvoldt, *The Italian Renaissance imagery of inspiration: Metaphors of sex, sleep and dreams*, Cambridge, Cambridge University Press

Weise, C.H. (a cura di) (1840), *De rebus gestis Alexandri Magni libri superstites: cum supplementis Freinshemii et indice rerum; recensuit C. H. Weise*, Lipsia, Karl Tauchnitz

Appendice
Strozzi, Eroticon. Elegie a Filliroe[113]

Ad Philiroen properans pedes suos ad iter hortatu
et ne quid sibi in via impedimenti occurrat in primis optat[114].

Ite citi volucrisque, pedes, praevertite ventos,
    et loca delicijs querite nota meis:
nota meis loca delicijs, ubi candida saepe
    mecum dignata est ludere Philiroe.
Philiroe, nullis faciem perfusa venenis   **5**
    cui proprius roseo fulget in ore color;
cuius inauratos cupiat sibi Cynthia crines,
    invideat laetis Cypria luminibus;
formosasque manus gratisque laboribus aptas,
    iuret persimiles ipsa Minerva suis.   **10**
Tum reliquis agiles respondent partibus artus,
    ut nihil ex illa nemo probare queat.
Talis erat virgo ceneia, talis et altum
    per mare dyctaeo vecta puella bove;
talis erat pro qua pugnans daneius heros   **15**
    impia perdomuit vindice monstra manu.
Talis et illa fuit, quae me sibi iunxerat olim,
    nondum iuratam fallere docta fidem.
Cuius ego inmite imperium tot perditus annos,
    multaque non sano pectore digna tuli.   **20**
Quam levitate sua totiens offensus et ipse

---

[113] Le traduzioni di seguito sono inedite.
[114] Strozzi *Erot.* IV 5. Il testo qui riportato è basato sul ms. Ottob. Lat. 1661, attestante la redazione più recente. Si conserva, invece, la numerazione della princeps (*Strozzi poetae pater et filius*, Venezia, in aedibus Aldi et Andreae Asulani soceri, 1513)

deserui, quoniam noluit esse mea.
Sed tua, Philiroe, quamvis collocata deabus,
  ambiguum valeat reddere forma Parim;
candida simplicitas tumidoque carentia fastu   **25**
  pectora, sunt ipso grata decore magis.
Adde fidem, quam nec coniunx ithaceia vincat,
  nec mithrydateas quae comitata vias,
nec quae tartaream properavit adire paludem,
  defunctum Evadne sponte secuta virum.   **30**
Te licet in primis cupiam, formosa, videre,
  vixque brevis patiar tempus inane morae,
Triptolemi tamen haud optem coscendere currus,
  ire nec in celeri Bellerophontis equo,
aut levibus Persei volitare per aera pennis,   **35**
  aut furibunda tuis currere cholchi rotis;
nec Zoroasteas artes magicive requiram
  carminis auxilium daedaliamve fugam,
nec, mihi si liceat, pedibus talaria curem
  picta galereti sumere Mercurij.   **40**
Unus enim nobis poterit satis esse Cupido,
  quo duce susceptum, perficiamus iter:
qui mihi semper adest levibusque quod excitat alis
  nostrum furtivo flamine corpus aget.
Vix iam mihi videor pedibus contingere terram   **45**
  vincit et humanos strenua planta gradus;
sublimisque pari quamvis discrimine Phoebus
  distet ab Eois occiduisque locis,
et canis exurat sitientes fervidus agros
  mutaque sub densa fronde quiescat avis,   **50**
non tamen, accelerans, immenso laedor ab aestu,
  nec mea longinquum membra fatigat iter.
Quoque magis propero, tanto magis ipse labori
  sufficio et vires impiger auget amor.

Heu quanto afficeret me fors inimica dolore,   **55**
   si qua meum subito causa teneret iter,
et mihi iam senior properanti occurrat amicus,
   quem fugere oblatum me pudor ipse vetet!
Singula qui, vario cupidus sermone, requirat,
   sciteturque viam propositumque meum,   **60**
multaque contexens, longis ambagibus erret
   atque importunus multa referre velit:
ut Ferdinandus magni post fata parentis
   Ausonias terras Parthenopenque regat;
nuper ut urbano Florentia concita motu,   **65**
   tristia det miseris civibus exilia;
ut trepidus Borges romanam liquerit urbem
   moestaque pontificis funere turba sui;
ut Pius, insignis magna virtute fideque,
   Aeterni in terris iura Parentis agat,   **70**
Sforciadam, Venetumque probet quod foedera pacis
   securus studio servet uterque pari.
Nunc Malatestigenae miretur principis artes
   bellorum egregias, eximiumque decus;
nunc meritis comitem Federicum laudibus ornet   **75**
   praestantemque manu consilioque ducem;
nec minus Estenses heroas et inclyta facta
   a primis orsus dicat originibus,
ingressusque tui titulos genitoris et acta
   conferat ad laudes se Leonelle tuas.   **80**
Unicus hinc phoenix latio dux Borsius illi
   argumenta novae praebeat historiae
et referat quantum nostro sit in Hercule laudis
   et Sismundaeo qualis in ore decor.
tum patris et patrui vestigia clara sequentem   **85**
   Estensem bis cupiat iungere Nicoleon.
Addat et immitem Turcum nostraque ferocem

segnitie et captis urbibus excidia.
Iam Peloponnessi regnare per oppida nec non
    gentibus adriaci nunc inhiare maris;   **90**
quod, suadente Pio, Federicus Caesar in hostem
    ardeat et vires concitet ipse suas,
quod paret ingentem commota Britannia classem
    et repetat forti sequana regna manu.
Parte alia veteres hostes insurgere Gallos   **95**
    tutantes magnis viribus imperium,
nec regem oblitum Italiae carive nepotis
    maximaque in Lygures mittere subsidia.
Ergo ne similis turbet nova gaudia casus,
    neu videar dominae lentus inersque meae.   **100**
Nunc precor aerio nebulae circunder amictu
    qua Venus Aenean induit alma suum;
sic demum iussas potero contingere sedes
    tutus, et optatam cernere Philiroen.
Dum loquor, et moveo celeri vestigia passu   **105**
    extremae apparet meta propinqua viae
Iam procul aspicio servantem compita quercum,
    et veteres fagos, populeumque nemus.
Ecce levi flatu teneris de frondibus exit,
    et cadit in faciem lenior aura meam.   **110**
Huc ego crediderim Zephyrum migrasse tepentem
    captum sideribus, cara puella, tuis,
qui mihi non stulte sibi consuluisse videtur,
    si pro te nigras deserit Hesperidas.
Nam quid in extremis vidit pretiosus oris?   **115**
    Quid nunc in nostro pulchrius orbe videt?
Laeva Padi ripas, vetus at mihi dextra sacellum
    monstrat, et amnosae culmina parva casae
quam lentis ederae complexibus undique cingunt,
    delet ubi raros alta senecta deos.   **120**

Nil ibi vel Zeuxis, vel magnus pinxit Apelles
   nil ibi Fidiacae composuere manus.
Lignea crux vero media quae pendet in aede,
   nobilis egregia Mentoris arte caret
Pene suis convulsa trahens de sedibus olim   **125**
   fundamenta rapax, substulit Eridanius,
proximaque aggeribus ruptis per culta vagatus
   mucida sacrilegis tecta replevit aquis.
Muscosus templi paries, humorique situsque,
   praeteriti reddunt tristia signa mali.   **130**
Pauper in exiguo censu cultuque sacerdos
   ipse colit sterilis iugera bina soli
Huc mea simplicibus Nynphis comitata Dione
   cincta caput vario flore venire solet.
Cuius in adventu templis augustior aedes   **135**
   omnibus, haec cunctas unica vincit opes.
Ecce diu latitans aperitur villa remotis
   arboribus, carae villa beata Deae.
Protinus hac visa celeri praecordia motu,
   venturae exultant praescia letitiae.   **140**
Quid mihi fiet amor, blandos cum cernere vultus
   fas erit et niveam cum dabit illa manum?
Tunc ego non dubitem Chroesi contemnere gazas,
   et tot Pellaeae clara trophaea domus.
Si quis enim crispos ad frontem ludere crines   **145**
   viderit et quali se ferat alta gradu ,
noverit argutis eadem quid possit ocellis
   ut mortale nihil dulcia verba sonent,
sentiet Aetnaeis certantes ignibus ignes
   et poterit costans aequa et iniqua pati.   **150**
Quod si forte alicui dignabitur oscula ferre,
   Altera vel proprio sanguine laetus emet.
Vulnus et auxilium quod Pelias hasta tulisset

mirabar, fati nescius ipse mei.
Desino nunc, facileque inducor ut omnia credam,   **155**
  si necis et vitae ius habet una meae.
Illa quidem media Phalarim placaret in ira
  Tardaretque tuas saeve Perille manus;
terribilemque suis oculis mitescere Martem
  cogat, et iratum ponere tela Iovem.   **160**
Felices agri,fortunatique coloni
  quaeque simul colitis rura benigna Deae.
Namque ubi vere novo genialia tendit in arva
  vobiscum dulces protrahit illa moras.
Vobiscum loquitur, vobiscum carmina cantat,   **165**
  vobiscum faciles exhilaratque choros.
Et modo pomosis pariter spatiatur in ortis
  et modo plena vago retia pisce trahit.
Nunc manibus doctis imitatur Palladis artes,
  nunc molles elegos, et mea verba legit.   **170**
Fallor? An haec Ciris dominae carissima nutrix
  substitit, ac verso respicit usque gradu?
En rapidis iterum fertur cita passibus! Ipsa est,
  notaque, ut accedam, dat mihi signa manu.
Progrediar, quaeramque meis fiducia votis   **175**
  quae sit, quidve novi sedula potret anus:
quod tua si praesens aderit solertia amanti
  talibus officiis aurea Ciris eris!

*A Filliroe, mentre [Tito] affretta i suoi piedi in viaggio / sperando che non
ci sia alcun impedimento per strada.*

Andate veloci e alati, o piedi, superate i venti, / e cercate luoghi
noti al mio amore;/ luoghi noti al mio amore dove spesso la
candida / Filliroe si degnò di scherzare con me. / Filliroe, il cui

volto è privo d'ogni malignità / e sul cui viso roseo brilla un particolare colorito; / i cui capelli dorati vorrebbe per sé la stessa Cinzia, / i cui occhi lieti le invidia la dea Cipria;/ e quelle sue mani, splendide e adatte ad ogni arte / **[10]** la stessa Minerva giurerebbe identiche alle sue. / E gli arti agili sono proporzionati alle altre parti, / tanto che nessuno potrebbe non apprezzare qualcosa in lei. / Tale era la vergine ceneia, tale la fanciulla / trascinata per l'alto mare greco dal toro; / tale colei per la quale il greco eroe, combattendo / domò con mano vendicativa gli empi mostri. / Tale fu anche colei che una volta mi aveva legato a sè, / non ancora capace di infrangere la fedeltà promessa: / il suo amaro impero per tanti anni, disperato, / **[20]** e tante cose indegne d'un animo sano sopportai. /Tante volte, offeso dalla sua incostanza, / anch'io la lasciai, perchè non volle essere mia. / Ma la tua bellezza, Filliroe, anche se posta tra le divinità, / sarebbe capace di rendere incerto lo stesso Paride; / la tua candida semplicità, il cuore privo di superbia, / sono più graditi della tua stessa bellezza. / Aggiungi la fedeltà, che neanche Penelope vincerebbe, / nè colei che accompagnò le spedizioni di Mitridate / né Evadne, che si affrettò a raggiungere gli inferi / **[30]** seguendo volontariamente il suo defunto uomo. / Anche se vorrei per prima cosa guardare te, bellissima, / e a stento sopporterei un tempo privo di breve indugio, / tuttavia non vorrei salire sul carro di Triottolemo, / né montare sul veloce cavallo di Bellerofonte / oppure volare per aria con le lievi piume di Perseo / o correre con tuo carro, furiosa Medea; / nè cercherei le arti di Zoroastro, o l'aiuto / di formule magiche, o una fuga degna di Dedalo / nè, se fosse possibile, cercherei di mettermi ai piedi / **[40]** i talari dipinti di Mercurio dal cappello alato. / Il solo Cupido, infatti, per noi è sufficiente, e, preso lui come guida, compieremo il cammino: / egli mi è sempre vicino e sconvolge il nostro corpo / con un vento nascosto che smuove con le ali leggere. / Già mi sembra di toccare appena coi piedi terra, / ed il forte piede vince i passi umani; / e sebbene il sole splendente, con pari distanza / disti dall'astro Eoo e dalle terre d'occidente, / e il cane bruci di sete per gli aridi campi / **[50]** e l'uccellino silenzioso riposi sotto le fitte foglie, / tuttavia, pur accelerando, non sono sofferente per il gran caldo, / nè il lungo viaggio affatica i miei arti. / Tanto più m'affretto, quanto più resisto / a tanta fatica: l'amore, mai pigro, accresce le forze. / Ahi quanto mi causerebbe dolore una sorte avversa, / se, d'improvviso, mi impedisse il viaggio per un qualsiasi motivo, / e se, mentre m'affretto, un vecchio amico mi incontrasse / che, presentatomisi, lo stesso pudore mi vieterebbe di schivare! / E se questi, desideroso di chiacchiere varie, le esaminasse una ad una, / **[60]** e si informasse sulla mia strada e sulle mie intenzioni, / e, molte cose intrecciando, divagasse tra lunghi giri di parole, / e, inopportuno, volesse affrontare molti argomenti: / come Ferdinando, dopo la morte del grande genitore, / governi le terre ausonie e quelle partenopee; / come di recente Firenze, mossa da rivolte urbane, / dia ad alcuni poveri cittadini tristi esilii; / come il trepido Borgia abbia lasciato la città di Roma / e la folla mesta per la morte del suo papa; / come Pio, insigne per grande virtù e fede, / **[70]** tenga le veci in terra del Padre Eterno, / e dimostri a Sforza e Veneti che entrambi, sicuri, / dovrebbero conservare con pari zelo i patti di pace . / Ora ammirerebbe la grande abilità militare del principe / Malatesta e la sua grande magnificenza; / ora adornerebbe di meritate lodi il conte Federico, / superiore in forza, maestro di senno; / né meno canterebbe gli eroi estensi e le mirabili gesta / partendo dalle prime origini, / e, procedendo, aggiungerebbe alle tue lodi, Leonello, / **[80]** i meriti e le imprese di tuo padre. / Da solo, quindi, il fenicio duca Borsio / gli offrirebbe argomenti di nuove storie; / ed egli ricorderebbe quante lodi spettino al nostro Ercole, / e quale bellezza vi sia nel volto di Sismondo. / Alle gesta illustri, quindi, del padre e dello zio, doppiamente / vorrebbe aggiungere quelle del nuovo Nicolò d'Este. / Aggiungerebbe anche il feroce turco crudele e gli eccidi

/ dopo la presa delle città per pigrizia nostra; / come esso regna per le città del Peloponneso / **[90]** e non sta mai fermo per le genti del mare Adriatico; / come, d'accordo con Pio, l'imperatore Federico / si scagli contro i nemici con tutta la sua forza; / come la Britannia, insorta, prepari una gran flotta / e riconquisti con forte mano i regni Sequani, / e d'altra parte insorga contro i vecchi nemici Galli, / custodendo il regno con grandi forze; / e come il re, non dimenticandosi dell'Italia o del caro nipote, / mandi molti e grandi aiuti soprattutto ai Liguri. / Perchè, dunque, una simile circostanza non turbi queste nuove gioie / **[100]** e io non sembri lento e pigro verso la mia signora, **[105]** / ora vorrei essere avvolto del mantello aereo / con cui Venere avvolse il suo Enea; / così, sicuro, potrei finalmente raggiungere le sedi stabilite / e vedere la mia cara Filliroe. / Mentre parlo mi affretto con rapido passo / e la meta sembra vicina alle lontane vie. / E già da lontano vedo una quercia che custodisce crocicchi, / **[110]** vecchi faggi e un bosco di pioppi. / Ed ecco che, con un lieve soffio, esce dalle foglie / un dolce venticello ed arriva sul mio volto / Da questa parte avrei creduto che il tiepido Zefiro fosse migrato, / catturato dal tuo splendore, o cara fanciulla, / il quale non scioccamente mi sembra voglia provvedere a sé / se per te abbandona le nere Esperidi. / Cosa, infatti, vede di più prezioso nei posti più lontani? / Cosa mai nel mondo intero vede di più bello? / Il lato sinistro mi mostra le rive del Po, il destro / la vecchia chiesa e le piccole cime dell'antica casa, / che le edere cingono ovunque con lievi abbracci, / **[120]** dove, alte ed antiche, distruggono le rare immagini sacre. / Niente lì ha dipinto Zeuxi, niente il grande Apelle, / nulla hanno composto neanche le mani di Fidia. / La croce di legno che pende al centro della chiesa / manca della grande arte del nobile Mentore. / Una volta il Po, travolgente, tirando fuori dalla loro posizione / le fondamenta quasi distrutte, le spazzò via, / e vagando, rotti gli argini, per i campi coltivati / sacrilego riempì tetti ammuffiti d'acqua. / Le pareti ammuffite della chiesa, l'acqua e le muffe /

[130] ricordano i tristi segni del male passato. / Un povero sacerdote, di scarne ricchezze e tenore di vita, / coltiva un paio di iugeri di sterile terra. / Proprio qui la mia Venere, accompagnata dalle pure Ninfe, / suole venire, con la testa cinta di vari fiori. / Al suo arrivo, la chiesa, più maestosa d'ogni altro / tempio, da sola supera ogni altra opera. / Ecco, nascosta a lungo dagli alberi lontani, si vede la villa, / villa fortunata della mia cara dea. / E dopo averla vista, il mio cuore velocemente / **[140]** inizia ad esultare, presagendo la gioia futura. / Che amore mi prenderà, quando mi sarà possibile vedere / il suo delicato volto, quando mi darà la sua bianca mano? / Allora io non dubiterei di disprezzare le ricchezze di Creso / ed i famosi trofei delle case macedoni. / Se qualcuno vedesse i suoi capelli crespi muoversi / sulla fronte e con quale decoro si comporta, / e conoscesse cosa può fare con gli occhi espressivi, / e come nulla di mortale esprimino le sue dolci parole, / sentirebbe i fuochi combattere contro i fuochi dell'Etna / **[150]** e potrebbe sopportare con costanza fortune e sfortune. / E se si degnerà di offrire baci a qualcuno, / lieto queste ne pagherebbe altri perfino col proprio sangue. / Io mi meravigliavo della capacità di ferire e di curare che / che l'asta di Achille offriva, proprio io, ignaro della mia sorte. / Ora la smetto. Facilmente sono indotto a credere tutto, / se una sola ha il diritto sulla mia vita o morte. / Ella sarebbe capace di placare Falaride in piena collera; / e fermerebbe le tue mani, crudele Perillo. / Con i suoi occhi costringerebbe il terribile Marte a calmarsi, / **[160]** e Giove a deporre le sue frecce. / O fortunate terre, o beati contadini che / coltivate insieme i campi benigni della mia dea! / Quando infatti, tornata la primavera, cammina verso i campi fecondi, / con voi passa molto tempo delizioso. / Con voi parla, con voi recita versi, / con voi rende liete danze fluenti. / Ora cammina per i campi pieni di frutti, / ora trascina reti piene di pesci rari. / Ora imita, con le dotte mani, le arti della dea Pallade, / **[170]** ora legge delicate elegie e le mie parole. / Mi sbaglio? Forse Ciride la carissima nutrice della mia signora / le ha trattenute, e, cambiata direzione, sempre ci osserva? / Ecco, a sua volta si avvicina veloce a rapidi passi! È lei e subito / riconosciuta, non appena arrivo, mi dà un cenno con la mano. / Andrò avanti e chiederò quale fiducia ci sia nelle mie preghiere / o che novità porti la diligente vecchia: / poiché, se la tua ferma sagacia assisterà l'amante, / per tali servizi sarai d'oro, o Ciride!

Ad Carolum Ariminensem,
quod Philiroen vehementer amet[115]

Si vigiles curae, subitus si pallor in ore,
   si crebros gemitus edere, pauca loqui,
si nunc iucundo, nunc tristi incedere vultu,
   si sperare aliquid, plura timere simul,
si properare modo, modo lento incedere passu,   **5**
   si vario mentem flectere proposito,
si fora, si coetus hominum vitare frequentes
   inditium praebent, Carole, amori, amo.
Si quid amem quaeres ubi nos male fida reliquit
   Anthia successit candida Philiroe.   **10**
Philiroe nullis faciem perfusa venenis
   cui proprius roseo fulget in ore color.
Illa mihi furtim me surripit, hanc sequor unam:
   hanc sine non videor vivere posse diem.
Huius ego insignem non tantum, Carole, formam,   **15**
   verum etiam mores ingeniumque probo.
Illa meis leges oculis imponere digna est,
   illa meos sensus abstulit, illa tenet.

---

[115] Strozzi *Erot.* V 7 (testo basato sul ms. Ottob. Lat. 1661, numerazione della princeps)

Illa tenebit, erunt donec vaga sidera coelo,
   donec erit tellus, aequora donec erunt.   **20**

A Carlo da Rimini / poiché [Tito] ama veramente Filliroe

Se esser lesto a preoccuparsi, subito impallidire, / emettere tetri gemiti e parlar poco, / se procedere ora con volto tiste, ora allegro, / se sperare qualcosa e nel mentre temerne molte, / se affrettarsi e subito rallentare il passo, / se cambiare con diverse intenzioni pensiero, / se evitare piazze e riunioni affollate di gente / sono segnali d'amore, o Carlo, allora io amo. / Se mi chiedi perchè io ami, laddove la malfida Anzia / **[10]** m'abbandonò, le subentrò la candida Filliroe. / Filliroe, dall'aspetto privo di ogni malignità, / sul cui volto risplende un vivo colore rosa. / Lei m'ha rapito in silenzio, solo lei seguo: / senza lei non mi sembra di poter trascorrere i giorni. / Ammiro, Carlo, non solo il suo delizioso aspetto, / ma anche il comportamento e l'ingegno. / Ella sola è degna di dar legge ai miei occhi, / ella ha rapito i miei sensi, ella li possiede. / Ella li terrà con sé, finchè le stelle vagheranno in cielo, / **[20]** finchè vi sarà la terra, finchè esisterà il mare.

Lamentatio de obitu Philiroes et eiusdem epitaphium[116]

Quo miser usque tuos celabis Tite dolores?
   Aegraque mens tacitum quo premet usque malum?
Dissimulare prius licuit, dum sol tibi fulsit
   candidus, et placidae spes bona sortis erat.
Nunc fera consilium superat violentia fati,   **5**
   nunc ars, indomito victa dolore, perit.

---

[116] Strozzi *Erot.* V 13 (testo basato sul ms. Ottob. Lat. 1661, numerazione della princeps)

73

Maxima saepe latent sub tristi gaudia vultu,
  at sua cor laesum non bene damna tegit.
Infandos luctus et vulnera pectoris ede,
  atque ea, quae nulli nota fuere prius!   **10**
Quae si forte times hominum vulgare per ora,
  silva locum lacrimis praebet opaca tuis.
Silva locum praebet lacrimis, ubi semita nulla
  cernitur, humani signa nec ulla pedis
Hic querulas tantum volucres habitare ferasque   **15**
  credibile est, procul hinc arbiter omnis abest.
Sol, cuius radios umbrosa cacumina silvae,
  huc vix oppisitis frondibus ire sinunt,
qui nunc Haemonij non immemor ignis et undae
  forsitan hic mecum condoliturus ades.   **20**
Testis eris nihil esse mihi, cur vivere curem
  aetheria postquam lux mea luce caret.
Nam quid ego hic aliud, nisi durum, ac flebile post haec,
  sublata sperem te mihi Philiroe?
Tu meus ardor eras, in te mea maxima cura   **25**
  haeserat, et voti summa caputque mei.
At nunc, a patria saevi contagia morbi
  dum fugis, indigno funere rapta iaces,
et mihi iacturae tantum tantumque doloris,
  conditio dirae mortis acerba tulit   **30**
ut semper misero iustissima causa querelae
  crescat, et aeternis finiar in lacrymis.
Heu rabidae leges, et dura potentia fati,
  humanum sinitis quae nihil esse diu.
An fuit omnino vestras infringere vires   **35**
  si paucos etiam viveret illa dies?
Nunc primum viridis campos ingressa iuventae,
  non extremus honor temporis huius erat.
Dedecet immites, et acerbos carpere fructus,

illum, quem culti spes tenet ulla soli.   **40**
Vos quoque tam subito decus hoc, talemque puellam
    nondum matura morte tulisse nefas.
Serius aut citius vestri mortalia fiunt
    iuris, et haec illi fors adeunda fuit.
Heu funesta dies, nigro damnanda lapillo,   **45**
    tristibus infaustum nomen adepta malis;
qua puri quondam radios imitantia Phoebi,
    deseruit solitus lumina moesta nitor;
qua bene compositos artus, faciemque serenam,
    flaventesque comas invida texit humus;   **50**
qua vigor ingenui deficet corporis, et qua
    tabuit egregijs artibus apta manus;
qua vox illa prius morentibus aemula cygnis,
    coepit in aeternam muta silere diem,
quaque pios actus mors interrupit et altae   **55**
    infregit mentis nobile propositum.
Heu nimium miseri, infortunatique parentes,
    conficiet verus quos sine fine dolor.
Vos luctu assiduo sensum amisisse malorum
    crediderim in vita quos mora longa tenet.   **60**
An potuit vestros Niobe superare labores?
    Cognitaque adverisis casibus Anthiope?
Plurima namque licet sint utraque tristia passae,
    haud minor haec illa clade ruina fuit.
Seu mores, sive ingenium seu gratia formae   **65**
    quaeritur, aut priscae nobilitatis honos.
Haesit in hac una simul harum gloria rerum,
    huius in occasu tot periere bona.
Sic vestra in primis aegre iactura ferenda est,
    nec dabit his aetas fletibus ulla modum .   **70**
At sacer ex illo tunc, cum discederet ore
    spiritus, et vestras quaereret illa manus,

inque oculis vestris cum lumina fixa teneret,
    quid vobis animi consiliive fuit?
Si quemquam potuit praesens extinguere moeror   **75**
    prendere vos etiam debuit illa dies.
Non habitura parem ter quinque peregerat annos
    Philiroe vestros inter adulta sinus.
Philiroen vobis tantum ostendisse videntur
    et subito vobis eripuisse Dei.   **80**
Non generum vobis, non caros illa nepotes
    praebuit, aut dotis dona parata tulit.
Divitiisque brevi gavisa et honore parentum,
    mox erit exiguus filia vestra cinis.
Sed quid ego infelix vestra infortunia tantum   **85**
    ipse velut patiar vulnera nulla, queror?
Igne cupidineo quicumque fideliter arsit,
    unica cui praestans cura puella fuit,
cui placitum subitis fortuna abrupit amorem
    casibus, aerumnas cogitet ille meas,   **90**
ille suo exemplo poterit mea tristia fata
    discere,et arcani pectoris acre malum.
Si possent aliqua caelestia numina flecti,
    nec vetitum certis legibus esset iter,
quod prius obtinuit stygijs a manibus Orpheus,   **95**
    sollicito superi nunc mihi forte darent.
Si proprios iterum levis umbra rediret in artus
    carpere concessas me duce iussa vias,
forsitan admonitus quo rursum perdita pacto
    flentem moesta virum liquerit Eurydice,   **100**
cautinus ingrederer nocitura pericula vitans,
    et quaecumque solent gaudia magna sequi.
Ah miser, atque iterum miser et sine pectore Tite,
    quo dolor impellit? Quae tibi verba cadunt?
Tunc deum stabili firmatas ordine leges,   **105**

credideris certam deficere ante diem?
Cum semel hinc alium raptae mittuntur in orbem
    terrenasque animae deseruere domos,
praemia pro meritis referunt, sedesque paratas
    (sic statuit superum provida cura) tenent.   **110**
Corpora nec surgunt leto defuncta, priusquam
    ultima iudicij venerit hora sui.
Si tamen aeterni veneranda potentia regis,
    qui caelo, et terris imperat, atque mari
omnipotens qui solus agit, mirabile quicquid   **115**
    cernimus, et quicquid lumina nostra latet,
si tibi Philiroen nunc illa potentia reddat,
    ne noceas huic, quam diligis ipse, cave.
Nam nisi vera loqui piget: his egressa tenebris,
    aetherijis gaudet sedibus illa frui.   **120**
Et pudor et nulli pia mens obnoxia culpae,
    rectum iter ad superos unde recessit, habet.
Philiroe felix terris colit astra relictis,
    magnorum in numero iam nova diva deum.
Pro quibus inducor, ne non ego gratuler illi,   **125**
    ne videar tantis invidus esse bonis.
At quoniam solitos misero mihi cernere vultus
    non datur et placidae gratia frontis abest,
dum moror in terris dum tu colis aethera virgo,
    accipiet lacrimas dulcis imago meas.   **130**
Haec tibi Philiroe similis vera omnia de te,
    si modo desit spiritus, ecce refert.
Haec mihi grata comes seu tendere solis ad ortum,
    seu iuvat Hesperium visere littus, erit.
Haec mihi si Geticas rupes calidamve Sienen   **135**
    transferar, in caro semper habenda sinu,
Huic ego curarum seriem narrabo mearum,
    et quoties cupiam te mea vita sequi.

Namque ubi in humanis nulla est costantia rebus,
    quid spe fallaci pascere vota iuvat? **140**
Illi vita fuit longissima, quisquis oneste
    occidit, et spretis quae videt, alta petit.
Interea dum fila sinunt mea currere Parcae,
    nec summi iniussu Regis abire licet,
candida quod relevent afflictum insomnia laetor, **145**
    effigiem referunt quae mihi saepe tuam.
Nam quoties nitidi capitis pulcherrimus ordo,
    per somnos oculis visus adesse meis?
Attonito quoties gemini se luminis ardor
    obtulit? Et miro nota decore manus? **150**
Mutua quid referam, quae tu mihi saepe videris
    accipere et solitis reddere verba sonis?
O ego quam tali deceptus imagine felix,
    o placidae noctes, o mihi grate sopor.
Atque utinam non tam subito me somnus, et error **155**
    linqueret, ac mecum staret uterque diu,
scilicet ut tecum maneam pulcherrima, donec
    longa meae veniant taedia laetitie.
Dum mortalis eras neque adhuc te in parte deorum
    regia siderei viderat alta poli, **160**
sola tamen mihi numen eras, et criminis expers
    candidus impura labe carebat amor.
Te supplex igitur meritis pro talibus oro,
    per fratrem, per qui te genuere precor,
ut tua praesentes superos mihi gratia reddat **165**
    utque mei numquam non memor esse velis.
At me nulla tui capient oblivia, seu me
    lux alat, aeterna sive ego nocte premar.
Et quae praecessit Maias octava Calendas
    postquam non ultra tu mihi visa dies, **170**
illa mihi solennis erit lacrimosaque semper,

indicium tanti principiumque mali.
Hic tibi dum liquit nobiscum ducere vitam,
   me tenuit laudis maxima cura tuae ;
nunc quoque, neu praesens neu postera nesciat aetas   **175**
   qualis sub gelido marmore Nympha cubet,
ipse tuum nostro signavi carmine bustum
   qua Padus illabens, rura paterna videt.
At quicumque leget miseri monumenta doloris,
   verba sibyllino tradita ab ore putet.   **180**
Qua nihil in terris tulit haec pretiosius aetas,
   quae potuit credidum fuit esse dea.
PHILIROE IACET HIC TENERIS EXTINCTA SUB ANNIS,
   PROXIMA FERRARIAE DUM TENET ARVA SUAE.
TEMPORE QUO MISERA PESTIS BACCHATUR IN URBE,   **185**
   NEC FORS VICINIS PARCIT INIQUA LOCIS.
CRUDELES NIMIUM DIVI, CRUDELIA FATA,
   PERDERE QUAE TANTUM SUSTINUERE DECUS!
Lamento sulla morte di Filliroe, il suo epitafio

Fino a quando, sventurato Tito, terrai nascosti i tuoi dolori? / E fin quando la tua mente afflitta nasconderà il silenzioso male? / Prima era lecito nascondere, mentre il sole candido splendeva / per te ed avevi una buona speranza di una sorte benevola. / E adesso la spietata violenza del Fato vince ogni prudenza, / ora l'arte, vinta da un dolore indomabile, muore. / Le più grandi gioie spesso sono nascoste sotto il volto afflitto, / ma il mio cuore leso non riesce bene a nascondere le sue sventure. / Manifesta gli indicibili lutti e le ferite dell'animo / **[10]** e tutte quelle cose che prima non furono note a nessuno! / E se forse hai paura di diffonderli tra le bocche degli uomini, / la foresta oscura offre un posto alle tue lacrime. / La foresta offre un posto alle lacrime, dove non / si vedono sentieri o orme di piedi umani. / Lamentati qui, dove è molto probabile che abitino solo / uccelli canori e belve; da qui è lontano qualsiasi spettatore. / O sole, i cui raggi a stento le cime ombrose / lasciano arrivare fin qui, perchè le foglie si frappongono, / che ora, non immemore del fuoco Tessalo e della tempesta / **[20]** forse sei in procinto di soffrire con me, / sarai testimone che non ho più nulla per cui valga la pena di vivere, / dopo che la luce del cielo manca della mia luce. / Cos' altro ora potrei sperare se non qualcosa di doloroso, di triste / dopo tutto ciò, dopo che mi sei stata sottratta, o Filliroe? / Tu eri il mio ardore, in te era saldo ogni mio affetto, / e l'apice e la sommità del mio desiderio. / Ma ora, mentre fuggi dai contagi cittadini del morbo crudele, / cadi vittima di una morte indegna, / e l'aspra opera della morte crudele mi porta / **[30]** una così grande perdita e un così grande dolore, / che cresce in me, misero, la voglia di lamentarmi, / e mi consumerò in eterne lacrime. / O leggi violente, o dura potenza del Fato, / non permettete che nulla di umano esista a lungo! / Forse avrebbe infranto le vostre forze, / se anche avesse vissuto ancora pochi giorni? / Ora, appena entrata nei campi della verde giovinezza, / non erano propri di questa età gli estremi onori! / Non è lecito cogliere frutti immaturi ed acerbi / **[40]** a colui che è animato da una qualche speranza del campo coltivato; / altrettanto è ingiusto che voi, così d'improvviso, abbiate rapito, / non ancora matura la morte, una tale bellezza, una tale fanciulla. / Più duramente e più velocemente di quanto è in vostro diritto / accadono le vicende mortali, e questa sorte ella dovette subire / O giorno funesto, da segnare con la pietruzza nera, / che per i tristi dolori ha acquisito un infausto nome! / Giorno nel quale il consueto splendore abbandonò / il povero sguardo, che era un tempo simile ai raggi del limpido Sole; / nel quale gli arti composti, il volto sereno / **[50]** e le fluenti chiome ricoprì la terra invidiosa; / nel quale il vigore del nobile corpo venne meno, / nel quale la mano, esperta nelle nobili arti, si decompose, / nel quale la sua voce, prima simile ad un cigno morente / iniziò a tacere, muta per l'eternità, / e nel quale la morte interruppe pie azioni e infranse / il nobile intento dell'alta mente.

/ Ah, poveri genitori, fin troppo sfortunati, / che un profondo dolore consumerà senza fine! / Avrei creduto che per il continuo lutto aveste perso coscienza dei mali, / **[60]** voi che un lungo indugio trattiene in vita. / Poté forse Niobe superare i vostri dolori? / Ed Antiope, provata dalle avverse circostanze? / Sebbene, infatti, entrambe molte avversità sopportassero, / non minore fu questa rovina di quella sventura. / Sia i modi, sia l'intelletto, sia la sua bellezza / vengono pianti o l'onore di una antica nobiltà. / La gloria di tutto ciò insieme era in costei sola, / e con la sua morte perirono così tanti beni. / Così in primo luogo la vostra perdita deve essere tristemente sofferta / **[70]** e nessun tempo darà misura a questi pianti. / Ma allora, quando lo spirito sacro si staccò da quel / volto e quella cercava le vostre mani, / e quando manteneva fisso lo sguardo ai vostri occhi, / che pensieri, che coraggio aveste? / Se il presente dolore avrebbe potuto distruggere chiunque, / quel giorno avrebbe dovuto prendere anche voi. / Filliroe, che non avrà mai pari, aveva vissuto / per quindici anni, cresciuta tra i vostri cuori. / Agli dei sembrò bene mostrarvi Filliroe, / **[80]** e poi subito strapparvela via. / Non vi portò un genero, neanche cari nipoti / o portò doni di dote preparati. / Dopo aver goduto per poco delle richezze e dell'onore dei genitori, / presto la vostra figlia sarà cenere umile. / Ma perchè io, infelice, piango solamente i vostri mali, / come se non soffrissi per alcuna ferita? / Chiunque fedelmente fu arso dal fuoco di Cupido, / per il quale unica straordinaria preoccupazione fu una donna, / a cui la sorte strappò il caro amore con rapidi / **[90]** avvenimenti, quello pensi alle mie sventure, / quello dalla sua esperienza comprenderà i miei tristi / accidenti e il male pungente del profondo del cuore. / Se in qualche modo i numi celesti potessero essere persuasi, / e il percorso non fosse impedito da leggi indiscutibili, / ciò che prima Orfeo ottenne dalle mani infernali / gli dei superni potrebbero offrire in sorte a me afflitto. / Se l'anima leggera nuovamente tornasse nel suo corpo / invitata, con me come guida, a prendere le strade legittime /

forse, saputo in che modo Euridice, persa nuovamente, / **[100]**
triste avesse lasciato in lacrime il suo uomo, / cautamente
procederei, evitando i pericoli in grado di nuocere, / e tutti quelli
che son soliti seguire grandi gioie. / O povero, povero Tito, senza
più cuore / fino a che punto ti sconvolge il dolore? Quali parole ti
vengono? / Forse hai creduto che le leggi stabilite per ordine
immutabile degli dei / vengano meno prima del giorno
prestabilito? / Non appena, strappate via da qui, le anime sono
mandate / in un altro mondo e lasciano le dimore terrene, /
ottengono premi secondo i meriti e occupano i propri posti/ **[110]**
(così ha stabilito la provvida opera degli dei superni). / I corpi
morti non risorgeranno dalla morte, prima / che venga l'ultima ora
del loro giudizio. / Se tuttavia la veneranda potenza del Re eterno,
/ che dà ordini al mondo al mare ed al cielo, / l'Onnipoterntne che
solo opera qualunque cosa di mirabile / noi vediamo, qualunque
cosa si nasconda ai nostri occhi, / se ora quella potenza ti restituisse
Filliroe, / bada che non nuoccia a colei che tu stesso ami. / Infatti
rincresce dire se non cose vere: uscita da queste tenebre, / **[120]** lei
è felice di fruire delle sedi celesti; / e il pudore e la mente pia, non
soggetta ad alcuna colpa, / ha un percorso diretto verso gli dei da
dove è scomparsa. / Filliroe fortunata, dopo aver lasciato la terra,
abita le stelle, / oramai una nuova dea nel numero dei grandi dei. /
A causa loro sono indotto a congratularmi con lei, / perchè non
sembri invidioso di tanto bene. / E poichè non è permesso a me
misero di vedere il solito volto / e la bellezza della mite fronte mi
è lontana, / mentre io aspetto in terra, mentre tu vergine abiti in
cielo, / **[130]** la tua effige dolce riceverà le mie lacrime. / Questa,
simile a te, o Filliroe, ecco, ricorda ogni cosa vera / di te, anche se
le manca la vita. / Sarà la mia cara compagna sia che giovi
raggiungere il sorgere / del sole che vedere le coste d'occidente. /
Se mi recassi presso le rupi Gete, o presso la calda Siene / questa
sarà sempre conservata nel mio caro grembo. / A questa narrerò
la serie delle mie preoccupazioni / e tutte le volte che desidererò

seguirti, o mia vita! / E in fatti allorché non esiste alcuna costanza nelle cose umane / **[140]** a cosa giova alimentare i desideri di falsa speranza? / Chiunque sia morto onestamente, ha avuto una vita lunghissima / e, disprezzate le cose che vede, ne cerca di alte. / Intanto mentre le Parche lasciano correre i miei fili, / nè è lecito morire senza l'ordine del Sommo Re, / gioisco dei candidi sogni che confortano me, afflitto, / che spesso mi portano la tua immagine. / E infatti quante volte la perfezione del nitido volto / durante i sogni è sembrata essere vicina ai miei occhi? / Quante volte l'ardore dei due occhi si presentò / **[150]** a me attonito? E la mano, nota per la mirabile bellezza? / Cosa potrei riferire delle parole reciproche, che spesso mi sembra tu / riceva e ricambi con le voci consuete? / O quanto sono felice, ingannato da una tale immagine! / O placide notti, o sopore a me grato! / E volesse il cielo che il sonno, l'inganno non mi lasciassero così presto / e stessero con me entrambi a lungo, / ovvero magari io potessi rimanere con te, bellissima, finchè / non sopravvengano lunghe noie alla mia gioia. / Mentre eri mortale e nella sede degli dei / **[160]** gli alti regni del cielo sidereo non ti avevano ancora vista, / tuttavia solo tu eri il mio nume e, privo di ogni infamia, / il candido amore mancava di impura colpa. / Supplice dunque io prego te per tali meriti, / per il fratello, per coloro che ti hanno generata, / che la tua grazia mi renda propizi gli dei immortali, / e tu non voglia essere mai immemore di me / Ma nessun oblio di te mi coglierà, sia che / mi alimenti la luce, sia che io sia oppresso dalla notte eterna. / E l'ottavo giorno che precedette Calendimaggio, / **[170]** dopo il quale non ti ho vista oltre, / quello sarà per me sempre solenne e lacrimoso, / indizio e principio di un così grande male. / Finché qui ti fu lecito condurre la vita con me, / mi tenne la massima cura delle tue lodi; / ed anche ora, affinché nè l'età presente, nè quella successiva ignori / quale ninfa giace sotto il gelido marmo, / io stesso ho segnato con un mio carme il tuo sepolcro / per dove il Po, scorrendo, guarda le tue terre. / Ma chiunque leggerà le memorie del misero dolore, / **[180]** mediti sulle parole trasmesse dalla bocca sibillina. / Nulla di più prezioso di lei ha prodotto quest'epoca, / tanto che si poté credere che fosse una dea. / Qui giace Filliroe, morta in tenera età / mentre abitava luoghi vicini alla sua Ferrara, / nel tempo in cui la peste infuriava nella misera città, / nè la sorte crudele risparmiava i luoghi vicini. / O dei troppo crudeli, o crudeli sorti, / che tollerarono di mandare in rovina un tale splendore!

Pro eadeam[117]

Qui legis haec, legito summissius et cave, quaeso,
  Nympham ullo turbes quae cubat hic strepitu.
Vivere credibile est placidoque quiescere somno
  Phylloroen, quae non digna mori fuerit.

Alla stessa

Tu che leggi queste parole, leggile in silenzio, e sta' attento, ti prego, / a non turbare con alcun rumore la ninfa che giace. / Sembra quasi che sia viva e che riposi in un placido sonno / Filliroe, che non era degna di morire.

---

[117] Strozzi *Epit.* 2 (testo basato sul ms. Ottob. Lat. 1661, numerazione della princeps)

Ad Psyttacum[118]

Psyttace, quid frustra misero mihi nuper ademptam
    Philloroen tanta sedulitate vocas?
Parce precor, parce insanos augere dolores,
    heu periit, quam tu vivere forte putas.
Parce, meo toties animam de pectore vellis,   **5**
    Philloroen quoties blandula lingua refert.
Heu periit, neque eam spes amplius ulla videndi,
    quam propter nobis vivere dulce fuit.
Si sensus tibi, si ratio est, ut habere videris,
    communi tristem te decet esse malo.   **10**
Non sum equidem oblitus, tibi quae responsa vocanti,
    poscentique dapes saepius illa daret.
Et memini, aurato cum te prodire iuberet
    carcere, porrectam te insiluisse manum,
atque illinc dulcem rostro parcente salivam,   **15**
    suxisse illaesis molliter e labijs.
Post ubi divinae laudaras sidera frontis,
    "non homo" dicebas, "sed dea Philloroe est".
Prisca salutato si paucis Caesare verbis,
    nigranteis aetas nobilitavit aveis,   **20**
quid tibi facunda fingenti plurima voce
    tam bene, tam docte, Psyttace laudis erit?
Laudo equidem, ingenium miror: debere fatemur
    nos tibi, nulla tuis gloria par meritis.
Sed ratio, et tempus, fortunaque lubricam, certam   **25**
    dant nostris legem rebus, et eripiunt.
Haec igitur nos causa monet desistere coepto
    nonnumquam, et placitum flectere propositum.

---

[118] Strozzi *Erot.* VI 13. Il testo – non presente in alcun codice – è tratto dalla princeps.

Quid loquor? Unde meae tanta incostantia mentis?
    Quod modo damnaram Psyttace, nun cupio.   **30**
Forte meis aliqua ratus es posse mederi
    luctibus hos ubi sum dictus addisse lares.
Quodque ita sit, cum me triste moerore silentem,
    vidisti, et multo rore madere genas,
tu quoque commotus graviter, sociusque doloris,   **35**
    ecce piis lachrymis lumina moesta rigas.
Functus es officio veri et prudentis amici,
    nilque reliquisti, quo mala nostra leves.
Perge precor, dominaeque tuo communis utrique
    semper adorandum nomen ab ore sonet.   **40**
Atque utinam in saevo pietas tua vulnere fiat
    tam dulci eloquio Pelias hasta mihi.

Al Pappagallo

Pappagallo, perchè invano con tanta diligenza / chiami Filliroe, sottratta a me, povero, da poco tempo? / Smettila, ti prego. Smettila di accrescere i miei dolori; / è morta colei che tu forse ritieni viva. / Smettila, mi strappi l'anima del petto ogni volta che / la tua carezzevole lingua dice "Filliroe". / Ahimè è morta e non c'è alcuna speranza di vederla ancora, / per cui vivere era dolce per me. / Se hai del senno, se possiedi ragione, quale sembra tu abbia, / [10] sarebbe conveniente che tu fossi triste per il nostro male comune. / Non ho infatti dimenticato quel che ti rispondeva quando la chiamavi, / e più spesso ti desse del cibo, quando lo chiedevi. / E ricordo, quando ti diceva di uscire dalla gabbia dorata, / che tu saltavi sulla sua mano tesa, / e che di lì succhiavi la dolce saliva, col becco attento, / dolcemente dalle sue labbra illese. / Poi, dopo aver lodato gli astri del suo volto divino, / dicevi: "Non è umana, Filliroe, è dea". / Se l'età antica, per il saluto fatto a Cesare con poche parole, / **[20]** rendeva omaggio agli uccelli neri, / quale sarà la tua lode, o Pappagallo, che con voce / eloquente dici molte cose così bene, così saggiamente? / Quanto a me, io lodo e ammiro il tuo ingegno: riconosco che lo devo, / nessuna gloria sarà mai pari a i tuoi meriti. / Ma la ragione, il tempo e la sorte instabile danno leggi precise / alle nostre cose, poi le sconvolgono. / Ciò talvolta ci impone di lasciar stare / quanto cominciato e di mutare intento. / Ma cosa dico? Da dove viene tanta incoerenza alla mia mente? / **[30]** Quel che una volta disapprovavo, Pappagallo, ora desidero. / Forse hai pensato che qualcosa avrebbe consolato i miei / dolori non appena si è detto che sarei tornato in questa casa. / Sia! Quando silenzioso in un triste dolore / mi hai visto e con le guance bagnate da molte lacrime, / anche tu, commosso dolorosamente, fratello nel dolore, / ecco che bagni i tristi occhi di pie lacrime. / Hai ricoperto il ruolo dell'amico vero e saggio, / e non hai dimenticato nulla con cui alleviare i miei affanni. / Continua, ti prego, e il nome della nostra signora, / **[40]** che va sempre adorato, risuoni dalla tua bocca; / e volesse il cielo che la tua pietà fosse per la mia crudele / ferita, col suo dolce parlare, come la lancia del Pelide Achille.

La lirica di Antonio Brocardo

Antonio Brocardo (Venezia (?), 1500 ca. - 1531) si guadagna un posto nella storia letteraria per le critiche, o presunte tali, espresse all'opera di Pietro Bembo e la relativa disputa con Pietro Aretino,[119] ma anche per la sua breve vita e i vari tributi poetici dedicati a questa prematura morte. Non per ultimo, lo si ricorda per le sue decise posizioni retoriche e le forti inquietudini linguistiche, anche nella qualità di personaggio dei *Dialoghi* di Sperone Speroni. Ma una così complessa, quanto breve, biografia rischia di storicizzare il Brocardo più in funzione di teorico che come poeta, nonché di alterare l'oggettività di ogni indagine sulle sue rime. Ad ogni modo, se pure volessimo sposare la tesi per cui la sua produzione poetica non è stata quantitativamente all'altezza delle forti prese di posizione teoriche, comunque non dovremo esimerci da un'analisi attenta e dettagliata sulle tendenze interne ai suoi versi.

Stando a Bernardo Tasso, Brocardo avrebbe fortemente promosso e validamente sostenuto la rinascita di un nuovo classicismo volgare, molto vicino a canoni retorici e stilistici della classicità greco-romana.

E quantunque malagevolmente si possa delle cose vecchie far nove, et alle nove dar autorità, nondimeno ho voluto pur tentare; non già ch'io speri di quest'opera gran loda, ma sol per dar appresso quel degli altri, di me ancora un certo saggio, per lo quale

---

[119] Pietro Aretino scese in campo per difendere il Bembo dai (presunti) attacchi del Brocardo, compiacendosi di averne addirittura data la morte a mezzo dei suoi versi mordaci. Ci ragguagliano sulla polemica, una delle più note ed interessanti del Cinquecento, Romei (2005, 148-57) e Ferroni (2012, 42-56=.

si vegga quel che 'n cotal guisa si possa sperar di seguirne. Né pensate ch'io fosse stato sì prosontuoso che l'avessi publicate giamai, se prima molti letterati uomini, e ben intendenti di poesia, non me l'avessero persuaso; e specialmente quella ben nata e felice anima di messer Antonio Broccardo, che 'n questi dì con universal danno et infinito dispiacere d'ogni spirito gentile immaturamente passò di questa vita; il quale se qualch'anno ancora vivuto fosse, avrebbe in questa via mandato fuori degne scritture del suo altissimo ingegno. Egli non solamente me ne persuase, ma con fortissime ragioni mi dimostrò ch'io devea al tutto farlo.[120]

Tuttavia, il suo limite più grande sarebbe di non essere mai riuscito a mettere in pratica quanto era solito teorizzare, forse solo per impossibilità o incapacità storica di affrancarsi dai modelli volgari. In aggiunta, la morte nel fiore degli anni avrebbe contribuito non poco a rendere ancora più oscuro il personaggio e per una serie di validi motivi: non sapremo mai se, con più tempo a disposizione, Brocardo sarebbe riuscito o meno a raccogliere le sue rime in un vero e proprio canzoniere o avrebbe potuto arricchire e completare la sua produzione poetica tanto da dare concretezza e soluzione alle varie questioni teoriche sollevate. Per di più la grande polemica con l'Aretino, che millantava la sua discesa in campo a difesa di Bembo contro le critiche di un giovane poeta presuntuoso, ha di fatto incasellato il Brocardo tra gli oppositori del cardinale, tra coloro che non sono mai riusciti a motivare appieno le ragioni delle accuse rispettivamente mosse all'illustre letterato.

Una prima analisi dei componimenti brocardiani, stilistica e intertestuale, rivela che in effetti non sarebbero poi così numerosi

---

[120] Cfr. Chiodo (1995, 17).

o marcati gli elementi a sostegno delle parole del Tasso nella prefazione di Ginevra Malatesta. I modelli a cui il poeta più palesemente si rivolge sono in fondo ben altri: Petrarca,[121] naturalmente, ma anche rimatori suoi contemporanei o immediatamente precedenti, come i poeti cortigiani, uno per tutti il Cariteo.[122] In questa sede mi preme, però, sottolineare e analizzare quella che risulta essere la più evidente tendenza stilistica interna ai versi del giovane poeta veneziano: un gusto marcato, quasi artificioso, per ripetizioni, simmetrie e specularità, sintattiche e semantiche.[123] Vorrei evidenziare come questa scelta stilistica possa essere considerata conferma ed estensione delle parole del Tasso, per arrivare alla conclusione che il nuovo classicismo del Brocardo non è riconducibile e limitato solo all'uso che egli fa del sonetto pastorale votivo.

Giovanni Mario Crescimbeni nell'*Istoria della volgar poesia*,[124] trattando di tre sonetti di Annibal Caro contro il Castelvetro

---

[121] Brocardo è molto attento al modello del Petrarca, alla figura del quale dedica due rime, il sonetto 5 e lo strambotto 6 (metro a sua volta, però, non petrarchesco), Per la numerazione, cfr. nota 125. Oltre alle numerose espressioni tratte dai *Rerum vulgarium fragmenta* (= RVF) presenti delle sue rime, si guardi – a titolo d'esempio – al sonetto *Due superbette donne agli aiti, al viso*, modellato sulla stessa tematica di RVF 121.

[122] Osservava già Benedetto Croce, sulla polemica Bembo-Brocardo: «non si ha nessun documento o notizia delle ragioni del suo antibembismo; ma da alcuno di quelli che di lui più particolarmente hanno trattato è stato congetturato che egli propugnasse un ritorno alla maniera lirica che il Bembo aveva reso antiquata, a quella dei Cariteo e Tebaldeo, scendendo ai Serafino e altrettali» (cfr. Croce [1950, 35-42]).

[123] Si accorgono di questa peculiarità Martignone e Zampese, definendola però in generale un motivo di artificiosità, di mera cantabilità. Cfr. Martignone (2006) e Zampese, *Tevere e Arno. Studi sulla lirica del Cinquecento*, Milano, FrancoAngeli (2013, 26-27).

[124] Crescimbeni (1731, 383).

terminanti tutti col medesimo verso, rammenta un sonetto brocardiano *Non mi vedete, ohimè, di pianger lasso*, costruito tutto sulla base di un uso simile di meccanismi di ripetizione. In effetti, Brocardo ripete alla fine di ogni strofa lo stesso verso, mutandone solo – per ovvi motivi – la parola-rima. Al Crescimbeni questa «bizzarria» non passa inosservata, anche perché nell'*editio princeps* dell'opera del poeta pure il sonetto successivo si struttura e ruota attorno alla medesima strategia retorica. Si riportano integralmente i due testi, rispettivamente numero 14 e 15 della *princeps* (d'ora in poi A):[125]

Non mi vedete, ohimè, di pianger lasso
  e nel volto non più quel ch'esser soglio?
  Non vedete ch'io son di vita casso?
  Ahi, per me cieco ed indurato scoglio!   4
Non vedete il martir ond'io mi doglio,
  che vedete pur meco ad ogni passo?
  Non vedete che d'anima il cor spoglio?
  Ahi, per me cieco ed indurato sasso!   8
Non vedete la doglia acerba e tetra
  ir avanzando ogni ben mesta sorte?
  Ahi, per me cieco ed indurato marmo!   11
Non vedete che, vinto, mi disarmo
  sol attendendo il colpo de la morte?
  Ahi, per me cieca ed indurata pietra![126]   14

---

[125] Per la numerazione, utilizzo ancora provvisoriamente l'ordine interno all'*editio princeps* delle rime del Brocardo (Rime del bro | cardo et d'altri | authori. *Colophon*: Finiscono le opere volgari di m. Francesco Maria | Molza modanese. Stampata in Venetia. l'anno | MDXXXVIII. il mese di dicembre).
[126] A, c. 17r. Corsivi di chi scrive.

L'intera fede, il desiar cotanto,
  il puro e caldo amor, l'accesa voglia,
  il mai sempre adorar quel viso santo,
  altro mertan, crudel, altro che doglia.   4
L'alma ch'a voi servir più ogn'or s'invoglia
  quanto più crudeltà vi vede a canto,
  la lunga spene, il martir che m'addoglia,
  altro mertan, crudel, altro che pianto.   8
Il grave mio languir, le guancie smorte,
  il sospirar, gli occhi di pianger lassi,
  altro mertan, crudel, altro che strazio.   11
Il seguitarvi, il mai non esser sazio,
  volgermi ovunque rivolgete i passi,
  altro mertan, crudel, altro che morte.[127]   14

Crescimbeni si limita però a prendere in esame il solo sonetto 14, dubitando dell'assoluta autenticità del testo seguente. Egli fa riferimento alla famosa antologia *RIME DI DIVERSI NOBILI HVOMINI ET ECCELLENTI POETI NELLA LINGVA THOSCANA, LIBRO SECONDO* (Vinetia, appresso Gabriel Giolito de Ferrarii, 1547), in cui il sonetto 15 viene attributo erroneamente all'Amanio, così come accade per altri testi del Brocardo. Ma, allo stato attuale dei miei lavori, posso ben dire che non ho dubbi sulla paternità brocardiana del componimento, sia per *usus scribendi* sia perché l'antologia in questione rimane l'unica fonte che attribuisce ad altri autori testi certi del Brocardo.[128] Tant'è che il ms. Marciano Italiano

---

[127] *Ibidem.* Corsivi di chi scrive.
[128] La giolitina del 1547 attribuisce all'Amanio due testi di Brocardo, *Perchè, perché il vigore* e *L'intera fede, il desiar cotanto*. Ma, rimanendo sul testo 15, l'attribuzione al Brocardo è confermata dall'accordo tra *princeps*, ms. Marc. It. IX 109, e una antologia – sempre giolitina – successiva, ossia delle rime | scelte da diversi

IX 109 (d'ora in poi V), il testimone contenente il più alto numero di componimenti di Antonio Brocardo, tramanda entrambi i testi, per di più immediatamente vicini anche se in ordine inverso: chi ha allestito la raccolta, di certo, deve aver notato che i due sonetti sono strutturati in maniera identica (è interessante sottolineare anche un comune schema metrico: ABAB BABA CDE EDC). *Ergo* l'Amadi, curatore della *princeps*, non ha ritenuto di sciogliere la coppia, pur partendo dal presupposto che Brocardo non ha lasciato alcuna traccia o idea di canzoniere.

Questa coppia di sonetti, però, sembra rappresentare qualcosa in più di un semplice artificio retorico, sfoggio fine a se stesso di abilità poetiche (come quelli che si vedranno in seguito): qui il Brocardo pare voglia apportare una precisa modifica alla forma metrica del sonetto, inserendo al suo interno un ritornello. Non si tratta, infatti, di una semplice aggiunta ai 14 versi canonici (sonetto ritornellato) di un endecasillabo rimante con l'ultimo verso della seconda terzina o un distico in rima baciata: inserire un ritornello di questo tipo, all'interno del sonetto, significa voler sfumare la divisione in strofe operata del sistema di rime, rendendo il tutto più simile ad un'egloga latina, componimento non articolato in strofe. Non a caso, un utilizzo analogo del *refrain* (ripetizione con variazione finale) troviamo anche in Bernardo Tasso nell'egloga I, *Alcippo*, composta proprio in morte del Brocardo, e inserita nel II libro degli *Amori*. Se il ritornello non è una novità nelle egloghe in volgare (come ricorda lo stesso Crescimbeni, citando ad esempio Giusto de' Conti), usato alla fine di ogni strofa nel sonetto sembra rappresentare un'apertura ad un uso più classicheggiante (a mo' di

eccellenti| avtori, nouamente mandato in luce. In Vinegia, appresso Gabriel | Giolito de' Ferrari, mdlxiii.

efimnio[129]) della metrica italiana: apertura che di certo non sfugge al Tasso, anche perché perfettamente consona allo spirito di una maggiore aderenza alle forme poetiche greco-romane.

Non mi sento, pertanto, di concordare con Martignone sulla natura cortigiana di questi versi-ritornello,[130] senza tuttavia escludere che, in altri luoghi, le simmetrie possano risentire di un'artificiosità squisitamente quattrocentesca. Su questa linea, il gusto per la ripetizione in Brocardo tocca probabilmente il suo apice nel testo *Felice carta, che felicemente*, esterno alla *princeps* e tradito solo dal codice V.

> *Felice* carta, che *felice*mente
>   *felice* rendi l'in*felice* vita,
>   *felice* grazia, onde *felice* aita
>   spera 'l misero mio stato dolente,   4
> *felice* amor che sì benignamente
>   con *felice* piacer a sé m'invita,
>   *felice* al sommo ben, dolce salita,
>   *felici* voglie mie liete e contente;   8
> *felici* giorni che i gravi e interrotti
>   sospir discacceranno e quel martire
>   più d'ogni altro martir duro e infelice,   11
> *felici*ssime care e dolci notti
>   che in più *felici* voci io potrò dire
>   o me, più che altro amante, o me *felice*.[131]   14

---

[129] La struttura dell'efimnio greco-latino, si può ad esempio riscontrare nell'impianto del carme XLI di Catullo.

[130] Mi riferisco nuovamente al citato studio di Martignone, che comunque mette bene a fuoco la presenza di elementi classicisti e cortigiani nel Brocardo.

[131] V, c. 8r. Corsivi di chi scrive.

L'aggettivo *felice* – reso superlativo, avverbio o ribaltato in *infelice* – è ripetuto ben 14 volte, compreso l'attacco di ogni strofa e la parola finale del sonetto, che risulta, dunque, cominciare e finire con *felice*, andando a ricreare una perfetta *ring composition*.

Le simmetrie, però, non sono per forza di cose legate a ripetizioni così in vista. Nel caso del sonetto 9, *O delizie d'amor: lustro e bel crine*, i versi 2-3 e 5-13 sono introdotte dal nome di ogni parte del corpo dell'amata che il poeta desidera lodare, appunto le delizie di Amore.

O delizie d'amor: lustro e bel crine,
  fronte, sol senza menda, chiaro e lieto,
  occhi da far il mar a un sguardo queto
  quanto si chiaman più l'alme divine,   4
guancie, rose vermiglie e mattutine,
  labri, al viver d'altrui grato divieto,
  denti, chiostro d'amor caro e secreto,
  volto, in cui sol beltà pose il suo fine;   8
gola, alabastro puro ond'io m'avivo,
  seno, latte in dui pomi freschi accolto,
  man, da legare il mondo e averlo a schivo;   11
parole, da svegliar un uom sepolto,
  accoglienze, da far un marmo vivo,
  contento son che 'l cor m'abbiate tolto.[132]   14

La struttura è impreziosita da un'altra particolarità: nei casi dei vv. 2-3, 5-10 i sostantivi all'inizio del verso sono bisillabi, il che conferisce al testo un ritmo decisamente cantabile. È interessante altresì notare la ripresa anaforica del *da* ai vv. 3 e 11-13, introduttiva di un paragone costruito mediante proposizione consecutiva,

---

[132] A, c. 15r. Corsivi di chi scrive.

mentre ai vv. 2, 5, 7, 9-10 le comparazioni diventano metafore mediante l'uso di rapide apposizioni.

I testi analizzati fino ad ora sono interamente costruiti su ripetizioni e specularità. Ma anche all'interno di componimenti dalla struttura meno artificiale sono comunque visibili marcate tracce del senso brocardiano per la simmetria. Nel testo 13, ad esempio, è evidente il gusto per la ripresa anaforica:

> *Perché, perché il* vigore
>   a le mie care erbette
>   Manca? *Perché* riflette
>   ciascuna il capo come l'uom che more?
>   *Perché, perché il* colore,
>   *perché* ciascuna perde
>   de le belle vïole? […].
> *Sete, pur sete quelle*
>   *che* da la man gentile,
>   molle, bianca e sottile
>   l'umor prendeste, ond'or sete sì belle […].
> *Sete pur quelle* voi
>   *che* con l'unghie, di perle
>   e rubini a vederle,
>   colte già foste […].[133]

Anche le quartine del sonetto 2 sono caratterizzate da una fortissima anafora:

> *Dunque* fia 'l ver che 'l caro ben pur lassi,
>   che lasciar si dovea solo per morte?
>   *Dunque* più non vedrò le luci accorte

---

[133] A, cc. 16r-17r, vv. 1-7, 31-34, 41-44. Corsivi di chi scrive.

mover al dolce suon gli onesti passi?
Dunque voi, diti miei, sarete cassi
da quella man, ch'ancor par mi conforte?[134]

E, sempre ragionando in termini di ripetizioni, è interessante richiamare l'attenzione su due casi (rispettivamente, il componimento 7 e 11) in cui, in conclusione di poesia, Brocardo ribadisce lo stesso concetto osservando l'immagine proposta da due punti di vista opposti ma speculari, mediante l'utilizzo di coppie lessicali antitetiche (*morto/vivo*, *muoia/viva* e *dovrei/vorrei*) in proposizioni connesse mediante congiunzione *e*:

[…] E s'io facea in tal piacer dimora
ne sarei gito in ella, ond'io sarei
morto dentr'al mio corpo e *vivo* in lei.

[…] Doglia troppo infinita,
ch'io *muoia* là dov'io viver *dovrei*
e *viva* alor che più morir *vorrei*.[135]

Sulla base di un'analisi strettamente retorica, non è semplicissimo arrivare a comprendere i modelli di tale orientamento poetico. Può trattarsi, come già detto, sia di un'apertura alla classicità (si pensi, a titolo d'esempio, alle numerose anafore dell'elegia latina),[136] sia di

---

[134] A, cc. 13r-v, vv. 1-6. Corsivi di chi scrive.
[135] A, c. 14v, vv. 10-12; c. 15v, vv. 10-12. Corsivi di chi scrive.
[136] La conoscenza che Antonio Brocardo ha del mondo antico è molto profonda Dal *Dialogo della Retorica* di Sperone Speroni – fonte molto attendibile per la ricostruzione biografica del giovane poeta – apprendiamo con quanta agilità egli si muova nei vari ambiti della classicità latina, abilità confermata dallo spoglio delle fonti delle sue rime. Ma egli sembra conoscere bene anche la lingua greca: il celebre grecista Marco Musuro gli fa omaggio di un codice greco, il Marc. V

un'indubbia reminiscenza della poetica cortigiana del secolo precedente. Ma voler insistere solo sulla dipendenza della poetica del Brocardo da forme del secolo precedente è a mio avviso una forzatura ed una considerazione riduttiva: dobbiamo tener presente che trattiamo di un poeta che ha una sicura familiarità con l'utilizzo di fonti latine. Come ben messo in evidenza da un contributo di Caterina Saletti, il già citato componimento brocardiano *Perchè, perché il vigore* è un'attenta ripresa dell'elegia *In violas* del Poliziano[137]. Ulteriore prova dell'uso dotto della latinità da parte del Brocardo, può essere una terzina del capitolo *È dunque ver che dai bei lumi tolto*, n.26 della *princeps*, in cui il giovane poeta veneziano riecheggia il famoso carme LXX di Catullo: «O misera colei, cieca e dolente, / che d'un amante a le promesse crede, / che tutte il vento porta sì repente».[138]

A questo punto, tuttavia, non mi preme tanto stabilire se delle succitate simmetrie siano maggioritari gli elementi di ripresa classica e quelli derivazione cortigiana, quanto piuttosto riflettere sulle ragioni di uno stile così marcato. Per comprenderne i motivi, a mio avviso, bisognerebbe cominciare col guardare a Brocardo come a un intellettuale fortemente curioso nei confronti di tutto il materiale poetico a disposizione di un uomo del suo tempo,[139] e

---

5, con la seguente dedica: Τῷ εὐφυεῖ λόγῳ τε καὶ ἤθει κεκοσμημένῳ, νεανίᾳ κυρίῳ Ἀντωνίῳ τῷ Βροκάρδῳ, Μαρίνου τοῦ ἐξότου ἀρχιατροῦ ἀγαπετῷ καὶ μονογενεῖ. Brocardo è, per di più, discepolo di Pomponazzi, gode quindi pure di una solida formazione fisolofica. Si aggiunga, infine, il suo apprendistato letterario volgare sotto la guida di Gabriel Trifone.

[137] Cfr. C. Saletti, *Una fonte quattrocentesca di A. Brocardo: il Poliziano*, in *Studi offerti ad Anna Maria Quartioli e Domenico Magnino*, Como, Edizioni New Press, 1987, 157-163.

[138] A, cc. 20r-22r, vv. 82-84.

[139] È bene ricordare che al Brocardo si attribuisce il fortunatissimo libello *Novo*

alquanto scontento dell'uso che ne fanno i suoi contemporanei. Tanto che la sua delusione si trasforma ben presto in un'inquietudine linguistica, per sfociare poi in una vera insofferenza verso la pratica dello stile bembiano, che diventa più marcata e decisa nelle strategie retoriche qui prese in esame.

Bibliografia

Ageno F. (1958) *A proposito del "Nuovo modo de intendere la lingua zerga"*, «Giornale storico della letteratura italiana», cxxxv (1958), 221-237

Caterino, A.F. (2012) *Antonio Brocardo, Nuovo modo de intendere la lingua zerga*, «TLIon, Tradizione della letteratura italiana online»

Crescimbeni G.M. (1731), *Dell'istoria della volgar poesia*, Venezia, Basegio

Croce B. (1950), *Studii sulla letteratura cinquecentesca*, «Quaderni della Critica», XVII-XVIII, 1950, 35-42

---

modo de intendere la lingua zerga, un dizionario furbesco-volgare, così che la sua curiosità linguistica e retorica si estende al punto da comprendere interi componimenti nella lingua dei furfanti del suo tempo. Al Brocardo peraltro vanno attribuiti, con grandissima probabilità, i testi poetici del manoscritto Campori γ.X.2.5 della Bibl. Estense di Modena, sempre in furbesco. Per l'attribuzione dei componimenti in furbesco cfr. Ageno (1958) e Caterino (2012). L'insoddisfazione del giovane poeta nei confronti del *modus operandi* poetico a lui contemporaneo è dunque espressa a più livelli: da una parte un ritorno alla forma e ai modelli classici, dall'altra un'apertura alla contemporaneità ben più ampia di ciò che consente il nascente purismo trecentista.

Ferroni G. (2012), *Dulces lusus. Lirica pastorale e libri di poesia nel Cinquecento*, Alessandria, Edizione dell'Orso, 42-56.

Martignone V., *Petrarchismo e antipetrarchismo nella lirica di Antonio Brocardo* in F. Calitti-R. Gigliucci (a cura di), *Il petrarchismo. Un modello di poesia per l'Europa*, vol. II, Roma, Bulzoni, 2006, 151-164

Romei, D. (2005), *Pietro Aretino tra Bembo e Brocardo (e Bernardo Tasso)*, in Romano A.-Procaccioli P. (a cura di), *Studi sul rinascimento italiano. Italian renaissance studies, in memoria di Giovanni Aquilecchia*, Manziana, Vecchiarelli, 148-57

Saletti C. (1987), *Una fonte quattrocentesca di A. Brocardo: il Poliziano*, in *Studi offerti ad Anna Maria Quartioli e Domenico Magnino*, Como, Edizioni New Press, 1987, 157-163.

Chiodo D. (a cura di) (1995), *Bernardo Tasso / Rime*, Torino, RES.

Zampese C. (2013), *Tevere e Arno. Studi sulla lirica del Cinquecento*, Milano, FrancoAngeli.

Nuovi documenti aretiniani in conclusione alla polemica col Brocardo

È certamente nota (se non altro come *gossip*) a chiunque si occupi di petrarchismo cinquecentesco di area veneta, o direttamente di Pietro Bembo, la polemica che nel 1531 scoppiò tra Antonio Brocardo e il futuro cardinale, che però evitò – per così dire – di sporcarsi direttamente le mani, avendo trovato in Pietro Aretino un abile sostituto e in un certo senso portavoce[140].

I motivi della contesa sono oscuri, ma certamente riconducibili a modi diversi di intendere la poesia (puristi per il Bembo, ben più sprezzanti per il Brocardo, in bilico tra Petrarca[141], modelli

---

[140] Un'eccellente sintesi di tali attriti è sicuramente offerta da Ferroni (2012, 43-52). Per una dettagliata bibliografia di Antonio Brocardo si veda la scheda, curata da chi scrive, per la banca dati "Cinquecento Plurale" all'indirizzo: <http://www.nuovorinascimento.org/cinquecento/brocardo.pdf>.

[141] La formazione petrarchista del Brocardo – per quanto inquieta – è cosa nota. Non soltanto leggiamo nel *Dialogo della Retorica* di Sperone Speroni che egli studiò Petrarca e Boccaccio sotto il magistero di Trifone Gabriel, ma possediamo anche alcuni materiali di studio del Brocardo stesso: un incunabolo del Petrarca (Città del Vaticano, Biblioteca Apostolica Vaticana, Ross. 710) in cui il giovane poeta ha apposto delle note autografe di commento, tratte dalle lezioni dello stesso Gabriel, e il codice Venezia, Biblioteca Nazionale Marciana, It. IX 214, un rimario di Dante e Petrarca confezionato (da tale Paolo Alvarotto) per il giovane letterato, come si può evincere dai componimenti dedicati al Brocardo in prefazione di alcune sezioni dell'opera. Ma il Brocardo – stando allo Speroni – si mostrò sempre restio ad imitare pedissequamente il Petrarca, in quanto scontento della monotematicità della produzione letteraria trecentesca. Rimando al passo esatto del sullodato dialogo, consultabile direttamente al seguente indirizzo *web*: < https://books.google.it/books?id=2SwPAAAAQAAJ&pg=PA223&ots=bG_2atm8vX&dq=%22volgarmente%20i%20concetti%20del%20mio%20intelletto%22&hl=it&pg=PA223#v=onepage&q&f=false>.

grecolatini[142], formularismi cortigiani[143] e poesia in lingua furbesca[144]), seguiti con tutta probabilità da rivalità personali.

È merito di Romei[145] aver individuato ed interpretato al meglio – nel ms. VENEZIA, Biblioteca Nazionale Marciana [l'ora in poi. Marc.], It. XI 66 – una serie di nove sonetti relativi alla *querelle* Brocardo-Bembo. Gli autori di tali testi – alcuni filobrocardiani, la maggior parte palesemente ostili al giovane poeta – certamente non erano digiuni di poesia popolare, burlesca, erotico-triviale ma soprattutto furbesca. E poiché Pietro Aretino si vanterà – finite le dispute – di aver ucciso il Brocardo a suon di sonetti letali, è lecito pensare che tra i sonetti ostili al Brocardo possano trovarsi materiali aretiniani.

Brocardo ebbe la sventura, infatti, di morire nello stesso '31. Pietro Aretino sfruttò *pro domo sua* la bizzarra coincidenza, per acuire la sua fama di poeta i cui versi sono capaci di tutto. Eppure non mancò di piangere la morte del giovane sventurato in alcuni suoi sonetti, dimostrandosi così anche (ironicamente) magnanimo.

---

[142] Già Gigliucci parla di una *inventio* brocardiana attenta ai modelli pastorali grecolatini. Cfr. Gigliucci-Risset, (2000, 263-4). Ricordiamo che Brocardo fu autore di alcuni sonetti in cui utilizzò il *senhal* Alcippo (pseudonimo con cui verrà chiamato in causa nelle fasi note della polemica).

[143] Nota giustamente Cristina Zampese che tra i tratti salienti della lirica brocardiana spiccano «il marchio ritmico-semantico della cantabilità [...] oppure il gusto *retrò* per la *derivatio*». Cfr. Zampese (2012, 26). Va però precisato che finora ogni strategia retorica brocardiana, basata su simmetrie e ripetizioni, è stata frettolosamente considerata ascritta ad un gusto poetico ancora troppo legato alla poesia del secolo precedente. Si veda quanto affermano – a tal proposito – Forni (1997) e Martignone (2006).

[144] Brocardo è autore di testi poetici e prosastici in lingua zerga. Molti suoi materiali – purtroppo è tutt'altro che semplice capire in che quantità – sono racchiusi nella celebre silloge poetica Modena, Biblioteca Estense Universitaria, Campori γ.X.2.5. Al poeta si attribuisce anche il celeberrimo libretto *Nuovo modo de intendere la lingua zerga*, vocabolario italiano-furbesco, utile a chiunque volesse apprendere a parlare e scrivere in tal modo. Cfr. Ageno, (1958)

[145] Vedi Romei (2005, 148-57).

Insomma, la sua fu una strategia studiata nei minimi dettagli, quasi interamente ricostruibile a partire dal suo sterminato epistolario (in cui ebbe un ruolo di spicco).

Più volte, scorrendo le epistole ricevute e scritte dall'Aretino[146], è possibile imbattersi nel nome di Antonio Brocardo. Già in una lettera del Brevio nel giorno stesso in cui il poeta (29 agosto '31) fu seppellito, si fa riferimento ai sonetti aretiniani che l'hanno «trafitto sin dal vivo»[147].

Nel settembre dello stesso '31 Luigi Quirini, ringraziando l'Aretino di avergli spedito i suoi sonetti in morte del Brocardo (di cui si dirà a breve), gliene manda uno di sua fattura, ove elogia la forza prorompente dei versi aretiniani in relazione ad un pastore rimasto ucciso da tanta vemenza e destinato ad un futuro oblio (chiara allusione al Brocardo):

Quanto sia di valor, et in voi quanto
  Sia di vertù, signor alto e gentile,
  Si conosce nel vostro altero stile,
  Ch' apporta or vita or morte or riso or pianto.   4
Col dir leggiadro e col soave canto,
  S'alcun muor senza fama oscuro e vile,

---

[146] Al fine di rendere più agevole la lettura del presente contributo, cercherò di utilizzare – laddove possibile – edizioni liberamente consultabili ed interrogabili in rete. Sempre laddove possibile eviterò, dunque, di appesantire questo mio saggio con lunghissimi innesti documentari, che farebbero solo perdere periodicamente di vista la finalità attributiva del discorso. La lettura ideale del presente contributo è dunque accanto ad un *computer* con connessione internet, affinché si possano man mano contestualizzare i riferimenti e gli stralci testuali qui citati alla luce dell'interezza della fonte.

[147] Il testo dell'intera lettera *Al molto magnifico mio onorandissimo il signor mess. Pietro Aretino* del Brevio, datata 29 agosto 1531, è integralmente leggibile – ed interrogabile – alla seguente *url*: <https://archive.org/stream/letterescrittea02vanzgoog#page/n203/mode/2u p>.

Vivo il tornate; e ogn' or da Gange a Tile
Il nome suo riporta pregio e vanto.   8
S'altrui vive pastor famoso e chiaro,
  Per le vostre tremende rime ei muore,
  Sepolto infame ne l'eterno oblio.   11
O miracolo nuovo e al mondo raro!
  O divino Aretin del mondo onore,
  Anzi pur de' poeti vero Iddio[148]!   14

La strategia dell'Aretino per sfruttare *ad hoc* la morte del Brocardo
stava di certo funzionando al meglio. Scrive il Varchi infatti nel '36
sempre all'Aretino di quando sentì proprio dalla bocca del Bembo
di questo episodio[149]. L'episodio resta dunque nella memoria
collettiva anche in seguito alla morte innanzi tempo del giovane
poeta veneziano.

L'Aretino scrive – probabilmente subito dopo la morte del
Brocardo – quattro sonetti in sua memoria. Come appena visto, il
Quirini ne aveva già notizia nel '31, ma nelle epistole dell'Aretino
tali componimenti – nella loro interezza – torneranno solo in calce
ad una lettera al Brevio data 1537[150]. Si riportano i testi:

---

[148] La lettera *Al molto magnifico e virtuoso suo signor il Signor Pietro Aretino*, scritta da
Luigi Quirini il 23 settembre 1531 è disponibile alla consultazione (ed
ovviamente interrogabile) al *link*:
<https://archive.org/stream/letterescrittea02vanzgoog#page/n197/mode/2u
p>.
[149] La lettera *Al divino signor Pietro Aretino* di Benedetto Varchi, datata 9 ottobre
1536 è disponibile integralmente all'indirizzo
<https://archive.org/stream/letterescrittea03vanzgoog#page/n201/mode/2u
p>.
[150] La lettera *Al Monsignor Brevio dell'Aretino*, datata 2 Dicembre 1537, è
liberamente consultabile ed interrogabile alla *url*
<https://archive.org/stream/ilprimolibrodel01aretgoog#page/n337/mode/2
up>.

Tutte le graziose stelle amiche
  Che n'infondon fatal senno e valore,
  Quando il Brocardo, altissimo Pastore,
  Depose il fascio de le sue fatiche,   4
Raccolser per lo ciel l'asperse miche
  Di fuoco e d'or che scintillando fore,
  Mosse vertù del lor soverchio umore
  Su gli occhi de le luci a noi nimiche.   8
E un felice e bel diadema ardente
  Formaro a l'alma valorosa e bella.
  Qui senza par, lassù sola e lucente.   11
Tal che la vera sua maligna stella,
  Vergognosa d'un fallo sì repente,
  Subito spento lui, si spense anch'ella.   14

Quando al gran spirto, a danno di natura,
  Morte aperse il gentil uscio terreno,
  Ch'umano alto valor di senno pieno
  Chiudea, qual nido una colomba pura,   4
Pansero Antonio l'antenoree mura,
  Sospirò d'Adria il Fortunato se;
  E cinto d'atre nubi, il cielo sereno
  Fe' la vista del Sol pallida e scura.   8
Spogliarsi i boschi de i frondosi manti,
  Chè il duol fugli autunno, e i sacri allori
  Gli inchinar, preso il volo, i rami santi.   11
Vidder gli aflitti, sua mercè, pastori,
  Le stelle fisse andar, restar l'erranti,
  Mentre s'alzava a i sempiterni onori.   14

Brocardo, che l'alma hai compagna degna
  De i più beati, e a Dio più cari spirti,
  E d'altro ricca che di lauri e mirti,

Ch'ora de i pregi tuoi spiegon l'insegna; 4
Mira il cor chiuso, in cui sol vive e regna
  Di te memoria, ch'io sol bramo aprirti,
  Invido mondo, e 'l duol ch'ei pate dirti,
  Del fin di quel ch'a gire al ciel n'insegna. 8
E vederai come a questi occhi invia
  Pianto fedele, che gli pesa e dole,
  Che qual fa or, non ti conobbe pria. 11
Ma s'io non perdo anzi 'l mio giorno di Sole,
  Ancor farà la viva penna mia
  Lodato testimon de le parole. 14

La Maestà de le bellezze conte,
  Che risiedono in voi, Donna eccellente,
  Cresce d'onor, poi che pietosamente
  Fedel piangete una famosa fronte. 4
Non trae da voi lagrime calde e pronte,
  Qual d'altre donne, amor lascivo e ardente,
  Ma per colui ch'a noi dal ciel pon mente,
  Da l'uno e l'altro sol movete un fonte. 8
Vera e nova pietà, gentile affetto,
  Alta natura, bel costume santo,
  Grazie vi rende il spirto alto e perfetto. 11
Ma perch'egli è con Dio lieto cotanto,
  Rassereni Mirtilla[151] il ciglio e 'l petto,
  O pianga per aver del suo ben pianto. 14

Finora questi quattro sonetti sono stati considerati gli unici testi dell'Aretino in morte di Brocardo, estranei ai toni polemici e attestanti (non senza una qualche ironia di fondo) una sorta di *pietas*

---

[151] Marietta Mirtilla fu una cortigiana amata dal Brocardo.

aretiniana, ma sempre volta a rimarcare la superiorità dell'autore sul giovane poeta scomparso.

Eppure tra le rime cinquecentesche tradite dal ms. Marc. Lat. XIV 165[152] compaiono una serie di testi adespoti riferiti ad Antonio Brocardo, più precisamente alla sua morte. A partire dalla carta 272*v* è possibile imbattersi nei seguenti sonetti:

cc. 272*v*-273*r*, Tutte le graziose stelle amiche	Sonetto in morte di Brocardo di Pietro Aretino, spedito a monsignor Brevio il 2 dicembre 1537.
c. 273*r*, Non è qui chiuso il venerabil vello	Sonetto di Pietro Aretino in morte di Ludovico Ariosto, spedito a Agostino da Mosto il 12 dicembre 1537.
cc. 273*r*-273*v*, La canna mia ecco in quel pino altero	Sonetto ascritto a Pietro Aretino dalla giolitina *Rime diverse di molti eccellentissimi autori* del '45[153].
c. 273*v*, L'eterno sonno in un bel marmor puro	Sonetto di Pietro Aretino in morte di Ludovico Ariosto,

---

[152] Cart. e membr., secc. XIV-XVI, mm. 310 x 210, composito, cc. [VII], 1-289, numerazione a penna nell'angolo a destra sul recto di ogni carta. Bianche le cc.72, 109, 113*r*, 115*v*. Alle cc. [I]*r*-[VII]*v* : *Tavola delle scritture qui contenute*, di mano del Forcellini. Molte mani. Legatura del sec. XIX in mezza pelle; sul dorso «Miscellanea». Provenienza: Apostolo Zeno, 61. Antica segnatura: «XCIX*». Cfr. P. Bembo, *Rime*, a cura di Andrea Donnini, Roma, Salerno, 2008, voll. 2, pp. 650-1. Tra le rime antologizzate nella sezione del XVI secolo compare anche il *sonetto O delizie d'amor: lustro e bel crine* del Brocardo, alla c. 284*v*.

[153] Cfr. la scheda ALI RASTA al link:
<http://rasta.unipv.it/index.php?page=view_poesia&idpoesia=2786>.

	spedito a Agostino da Mosto il 12 dicembre 1537.
c. 273*v*, Quando al gran spirto a danno di natura	Sonetto in morte di Brocardo di Pietro Aretino, spedito a monsignor Brevio il 2 dicembre 1537.
c. 274*r* Brocardo, che l'alma hai compagna degna	Sonetto in morte di Brocardo di Pietro Aretino, spedito a monsignor Brevio il 2 dicembre 1537.
c. 274*r* La maestà delle bellezze conte	Sonetto in morte di Brocardo di Pietro Aretino, spedito a monsignor Brevio il 2 dicembre 1537.

Il sonetto *La canna mia ecco in quel pino altero,* mai messo in relazione con la polemica Brocardo-Bembo/Aretino, si rivolge a Bembo stesso e a Cappello, e menziona direttamente la sconfitta e conseguente morte di Alcippo.

«La canna mia ecco in quel pino altero,
   Ch'ombra mia face il dì solo e beato,
   Ch'a l'immortalità fui consacrato,
   E di selve e pastori ebbi l'impero;   4
Ella, di cui torrà col dir sincero
   Alcippo a morte, fia guiderdon grato»
   Dice Pan divo e sembra sconsolato:
   Orbo padre, che plora il figiuol vero.   8
Poi soggiunse «O purgati alti intelletti,
   Ch'Arno e Tevere e 'l sen de l'Adria onora,
   Di gloria ancor gli adornerò le chiome».   11
Onde, mossi al pio suon gli ingegni eletti,

Par dican l'acque, i fuor, le fronti e l'ora
Bembo e Capello or dian vita al suo nome.   14

Ma la domanda ora sorge spontanea: a che titolo sono in questa
sede interessanti due testi di Aretino in morte di Ludovico Ariosto?
I due sonetti hanno una differenza sostanziale rispetto a quelli
inviati ad Agostino da Mosto nel 1537[154]: il nome dell'Ariosto è
sostituito da quello del Brocardo.
Confrontiamo le due versioni:

L'eterno sonno in un bel marmo puro
  Dormi, Ariosto, e '1 tuo gran nome desto
  Col giorno appare in quel bel clima e 'n questo,
  Di mai sempre vegghiar lieto e sicuro.   4
Ma l'alma, c' hai nel ciel, dice: «Io non curo
  Pregio si vile» e, '1 fulgido contesto
  De le stelle mirando, un alto e mesto
  L'affigge suon teneramente duro.   8
Le sorelle di Febo, afflitte e meste,
  Dicon piangendo: «O almo spirto chiaro,
  Più che '1 Sol senza veli a mezzo il die,   11
Mira noi, di te vedove, che, in veste
  Di duol, spargiam di fior tuo sasso raro,
  E t'inchiniamo ognor con voci pie».   14

L'eterno sonno in un bel marmor puro
  Dorme Brocardo, e '1 tuo gran nome desto
  Col giorno appare in quel bel clima e 'n questo,
  Di mai sempre vegghiar lieto e sicuro.   4

[154] La lettera di Pietro Aretino *A messer Agostino da Mosto*, datata 12 dicembre
1537, è consultabile all'indirizzo internet
<https://archive.org/stream/letterea01aretuoft#page/354/mode/2up>.

Ma l'alma, c' hai nel ciel, dice: «Io non curo
  Pregio si vile» e, '1 fulgido contesto
  De le stelle mirando, un alto e mesto
  L'affigge suon teneramente duro.   8
Con nobil pianto, note amiche e pie,
  Forma la voce «o almo spirto e chiaro,
  Più dil sol senza '1 velo a mezzo il die.   11
Mira me, che sì t'amo et ebbi a caro
  Qual la virtude de le luci mie!»,
  E co' l'alma s'inchina al buon Cornaro.   14

«Non è qui chiuso il venerabil velo,
  Che fu incarco gentil, sacro e divino
  De lo spirito eccelso e pellegrino,
  Che dianzi il mondo, or fa gioire il cielo?   4
Qui fu l'albergo in fervido e buon zelo
  D'ogni grazia e vertude, ond'io l'inchino;
  Qui '1 senno sapea vincere il destino,
  Qui '1 cortese valor nunqua ebbe gelo.   8
Sante reliquie, che il gran marmo serra
  Come caro tesor, quanto mi dole
  Non poter consecrarvi un tempio in terra!»   11
Cosi piange or teneramente il Sole
  L'alto Ariosto, e l'urna pia diserra
  Con la dolcezza de le sue parole.   14

«Non è qui chiuso il venerabil velo,
  Che fu 'n carco gentil, sacro e divino
  De lo spirito eccelso e pellegrino,
  Che dianzi il mondo, or fa gioire il cielo?   4
Qui fu l'albergo in fervido e buon zelo
  D'ogni grazia e vertude, ond'io l'inchino;
  Qui '1 senno sapea vincere il destino,

Qui '1 cortese valor nunqua ebbe gelo.   8
Sante reliquie, che il gran marmo serra
   Come caro tesor, quanto mi dole
   Non poter consecrarvi un tempio in terra!»   11
Cosi piange or teneramente il Sole
   Il gran Brocardo, e l'urna pia diserra
   Con la dolcezza de le sue parole.   14

Nel codice marciano il primo di questa serie di sette sonetti reca la rubrica *Senza nome in la morte di Ant(oni)o Brocardo*. Gli altri, a seguire, *Dil medesimo*. Per quanto al copista non fosse noto il nome dell'autore di detti testi, egli era certo quanto meno della loro comune paternità.

Che il Brocardo fosse protetto dai così detti Abati Cornari non è affatto cosa nuova: Bernardo Tasso smentisce che l'amico Brocardo abbia scritto un sonetto contro l'Aretino[155], dimostrando che anche i Corner volevano fare chiarezza sull'effettivo destinatario del sonetto; i tre prelati sono menzionati poi nei testi polemici del ms. Marc. It. XI 66.

Ma possiamo addirittura provare ad identificare colui al quale si inchina l'anima di Brocardo nel sonetto *L'eterno sonno in un bel marmor puro* nella versione del Marc. Lat. XIV 165. Da una lettera sempre di Gian Battista Bernardi all'Aretino datata agosto 1531 apprendiamo che l'Abate Rosso di Casa Corner era sempre in compagnia del Brocardo[156]. Sappiamo pure che i tre abati avevano

---

[155] La lettera *A m. Pietro Aretino*, firmata Bernardo Tasso, 21 luglio 1531 è disponibile all'indirizzo
<https://books.google.it/books?id=mTLz3aZ7ZyUC&dq=%22li%20Signori %20Abati%20Cornari%22&hl=it&pg=PA498#v=onepage&q&f=false>.
[156] La lettera *Al molto onorato signor mess. Pietro Aretino maggior mio onorando*, firmata Gian Battista Bernardi e datata 31 agosto 1531 è disponibile integralmente all'indirizzo *web* seguente:
<https://archive.org/stream/letterescrittea01landgoog#page/n211/mode/2u

un colore per soprannome: Marco è il Bianco, Andrea il Nero, Francesco il Rosso.

Ergo, l'autore del ciclo di sonetti del Marc. Lat. XIV 165 non può che essere Pietro Aretino: le didascalie del codice, l'attribuzione della giolitina, la paternità aretiniana dei testi variati in morte dell'Ariosto sembrano non lasciare dubbi di sorta.

Mi sento perciò di proporre – in conclusione a tale saggio – la seguente ipotesi: Pietro Aretino ha composto un ciclo di sonetti dopo la morte del Brocardo, in cui ha voluto esprimere una ironica *pietas* e ribadire fuor dai toni furfanteschi nei testi del Marc. It. XI 66 la sua fatale prodezza, documentata ulteriormente all'interno dell'epistolario. Ha poi semplicemente riciclato i due sonetti *L'eterno sonno in un bel marmo puro* e *Non è qui chiuso il venerabil velo* per piangere la morte di Ludovico Ariosto, avvenuta due anni più tardi rispetto alla prematura dipartita del Brocardo, rimuovendo il riferimento al Corner e cambiando il nome del compianto.

Bibliografia

Ageno F. (1958) *A proposito del "Nuovo modo de intendere la lingua zerga"*, «Giornale storico della letteratura italiana», cxxxv (1958), 221-237

Ferroni G. (2012), *Dulces lusus. Lirica pastorale e libri di poesia nel Cinquecento*, Alessandria, Edizione dell'Orso, 42-56.

Forni G. (1997), *Il canone del sonetto nel XVI secolo* in «Schede umanistiche», 1997 n.2, pp. 113-122

Gigliucci R-Risset J. (a cura di) (2000), *La lirica rinascimentale*,

p>.

Roma, a cura di R. Gigliucci; scelta e introduzione di J. Risset, Istituto poligrafico e zecca dello stato

Martignone V., *Petrarchismo e antipetrarchismo nella lirica di Antonio Brocardo* in F. Calitti-R. Gigliucci (a cura di), *Il petrarchismo. Un modello di poesia per l'Europa*, vol. II, Roma, Bulzoni, 2006, 151-164

Romei, D. (2005), *Pietro Aretino tra Bembo e Brocardo (e Bernardo Tasso)*, in Romano A.-Procaccioli P. (a cura di), *Studi sul rinascimento italiano. Italian renaissance studies, in memoria di Giovanni Aquilecchia*, Manziana, Vecchiarelli, 148-57

Zampese C. (2013), *Tevere e Arno. Studi sulla lirica del Cinquecento*, Milano, FrancoAngeli.

Il ricordo di Alcippo (Antonio Brocardo) tra le rime di Niccolò Franco

Il veneziano Antonio Brocardo, eccellente rimatore cinquecentesco, è probabilmente rimasto alla storia più per le polemiche nate attorno al suo nome che per il valore della sua poesia. Questi avrebbe, infatti, insinuato di essere miglior poeta del Bembo[157], diffondendo un componimento irrispettoso nei confronti del futuro cardinale. La *querelle* godette di cospicua risonanza, tanto che altri letterati decisero di appoggiare rispettivamente il Brocardo o il Bembo.

A difendere le ragioni di quest'ultimo scese in campo un'autorità del calibro di Pietro Aretino, che – a suo dire – avrebbe diffuso un sonetto fatale per il Brocardo, il quale sarebbe morto di crepacuore leggendolo. Spesso incontriamo il nome del poeta veneziano tra le lettere dell'Aretino[158], e le menzioni sono quasi sempre sarcastiche ed intrise di *humour* nero. Ciò nonostante, l'Aretino compone dei sonetti in morte del Brocardo[159], a riprova del rispetto che nutriva

---

[157] Ludovico Beccardelli, nella sua *Vita del Bembo*, racconta che un certo «vinizianello [...] s'anteponeva al Bembo, dicendo che molti errori de' suoi poteva mostrare» (che poi morì di crepacuore). Fu il Mazzucchelli, nella voce citata, ad identificare tale personaggio con il Brocardo. Cfr. Aa. Vv., *Degl'istorici delle cose veneziane*, Venezia, Appresso il Lovisa, 1738, vol. 2, pp. LXV-XLVI. Non mancano, però, parole di lode al Bembo da parte del Brocardo, il quale – nei dialoghi speroniani – arriva a definire il cardinale «solenne grammatico». Per altre informazioni circa la vita dell'autore, rimando alla voce di Mutini (1972).

[158] Tra le varie menzioni, vale la pena ricordare l'epistola diretta a Francesco dell'Arme datata 15 maggio 1537, nella quale si scherza sul fatto che certi suoi versi abbiano ucciso Brocardo, nonchè l'epistola 216, diretta a Giustiniano di Candia (Venezia, gennaio 1553), in cui ribadisce la paternità dei componimenti che hanno ucciso il Brocardo, nonostante qualcuno abbia messo in giro la voce che trattavasi di opere di Cola Bembo. Cfr Procaccioli (1997, 199-200).

[159] Nell'epistola 264 (Venezia, Dicembre 1537) Aretino ricorda la grave colpa

verso il giovane poeta, morto prematuramente.

Questi testi si aggiungono alla serie di componimenti funebri dedicati a Brocardo dal suo amico fraterno Bernardo Tasso, nonché ad un arguto tetrastico di Cornelio Castaldi[160].

È interessante notare però che, tra le liriche degli *Amori* del Tasso, i testi che menzionano Brocardo morto non sono gli unici a piangere il giovane veneziano. Una sua egloga, infatti, è dedicata a tale Alcippo: il poeta piange la morte del pastore consolando una certa Mirtilla[161].

> Odi quel rio che mormorando piagne,
> E par che dica con dogliosi accenti:
> Alcippo è morto! o duolo acerbo e grave!
> Dunque meglio è che con duri lamenti,
> E con lagrime amare io l'accompagne.   5
> Perdonami, Iddio Pan, se caldo e stanco,
> Or che da mezzo 'l ciel ne scorge il sole,
> Forse ti dormi in qualche ombra soave,
> E con pietate ascolta il duro caso,
> E voi, Muse silvestri, se parole   10
> Ad angoscioso cor dettaste unquanco
> Piene di puro e di dolente affetto
> Queste sian quelle; or cominciate ormai,

---

del giovane poeta: aver peccato di lesa maestà contro il Bembo. Ciò nonostante, allega alla missiva quattro componimenti in morte del Brocardo: «Tutte le graziose stelle amiche», «Quando al gran spirto, a danno di natura», «Broccardo, che l'alma hai compagna degna» e «La Maestà de le bellezze conte». Cfr. Procaaccioli (1997, 243-5).

[160] C. Castaldi, *Poesie volgari di Cornelio Castaldi,* In Londra, 1757, p. 45. Per un profilo biografico del poeta cfr. C. Mutini, Cornelio Castaldi in «Dizionario biografico degli Italiani», Vol. 21 (1978).

[161] I componimenti di Bernardo Tasso in morte del Brocardo, eccezion fatta l'elegia di seguito riportata, sono raccolti da Saletti (1996, 409-24).

Mentre taccion le dive di Parnaso.
Alcippo è morto! o smisurato affanno!   15
Adria infelice, quando unqua vedrai
Fra' tuoi figli un sì saggio e sì perfetto?
Garrula Progne, col tuo canto amaro
Accusa meco il suo crudel destino.
Alcippo è morto! o insopportabil danno!   20
Vedi la sacra et onorata Pale
Col crine sciolto, e col bel volto chino
L'erbe bagnar di lagrime, et avaro
Chiamar il ciel, e maligno il suo fato,
E intorno a lei con voci alte e dogliose   25
L'Oreadi gridar, e il fero strale
biasmar di morte, e la parca superba;
Né può tornar ne l'alte selve ombrose
De' cari monti, o al lor soggiorno usato,
Ma disprezzando i lor lucidi fonti   30
Cercar il più riposto oscuro orrore.
Alcippo è morto! o cruda morte acerba!
Vedi il padre Nettuno, e seco insieme
Tutti i Dei d'Adria dal loro salso fuore
Seder nel lido con le meste fronti,   35
per cui conforto al sacro lembo intorno
stanno il vecchio Benaco, e 'l suo bel figlio,
Quel che d'Antenor ne le rive freme,
l'Adige, il Po, il Tesio, l'Adda, e 'l Metauro,
Cinti di fronda di cipresso il ciglio.   40
Alcippo è morto! o ingrato e fero giorno
Che n'hai privati di sì ricco pegno!
Odi la dolente Eco, che in oblio
Posto Narciso suo caro tesauro,
Ripiglia il fin de' lor pietosi gridi.   45
Il delfin, fuor del suo albergo natio,

Negli scogli deserti di duol pregno
Accusa morte, e la sua vita sprezza;
Muggiano i bianchi armenti, e intorno errando
Sua gregggia va senza ch'alcun la guidi.   50
Né beve acqua di fonte o pasce erbetta.
Ecco la fida Nape, che latrando
Richiama il suo Signor, né più vaghezza
Ha di fera cacciar cruda e fugace.
Alcippo è morto! or meco piagni, ahi mondo.   55
Povero mondo, età vile e negletta!
Quando ne le tue scole, o Pale, avesti
Pastor a lui simíle, né secondo?
Quando l'avrai? E sia detto con pace
D'ogni altro. O selve, o piagge apriche, o rive,   60
Ove solea con sua greggia talora
Cantar errando dolci rime agresti,
Quando udirete mai sì chiaro suono,
Sì soave armonia? Ecco ch'ancora
Impresso di sua man nel tronco vive   65
Di quel mirto Aretusa: o lieta pianta,
O ben nato arbuscel, cresca il bel nome
Col tronco insieme, e le sue frondi, dono
Primo d'Apollo, e de l'alte sorelle,
Cingano ognor le più famose chiome,   70
Alcippo è morto! O chiara anima santa,
Che nel più degno et onorato loco
Del cielo scorgi il suo ricco lavoro,
E sotto a' piedi tuoi vagar le stelle,
Mira da quel celeste altero albergo,   75
D'altra corona ornato che d'alloro,
Ogni pastor per te di pianger roco
Sparger di frondi l'arido terreno,
E ombrar le fonti di frondoso ramo;

Vedi me, che di pianto il volto aspergo,   80
E con Icasto, e col dotto Palemo,
Sovra la tomba il tuo bel nome chiamo;
Odi Mirtilla, che si batte il seno.
I' sento un corno, a la cui voce altera
Risuona il bosco, e d'ogni intorno il monte.   85
Voglio tacer, che di Diana temo,
La qual suol venir spesso a questa fonte
Per rinfrescarsi con l'amata schiera[162].

È opportuno considerare che il testo non è l'unico
componimento del poeta riferito ad Alcippo, ma è certamente il
solo che ne piange la morte[163]. Che Alcippo sia Brocardo è cosa
certa: quattro componimenti sicuramente brocardiani[164] vedono
Alcippo protagonista; in uno questi corteggia Mirtilla, *senhal* della
sua amata Marietta Mirtilla; Alcippo – in un sonetto brocardiano
disperso[165] – avrebbe detto male di Titiro (per qualcuno un
riferimento al Bembo).

---

[162] B. Tasso, *Rime*, vol. I, I tre libri degli Amori, a c. di D. Chiodo, Torino, Edizioni
RES, 1995, pp. 263-265.
[163] La Saletti, nello studio citato, raccoglie e commenta anche i testi di Tasso
dedicati ad Alcippo, ma sempre senza senza considerare l'elegia in questione.
[164] I sonetti del Brocardo con protagonista Alcippo possono essere considerati
un vero e proprio ciclo, a conclusione dell'*editio princeps* delle rime del poeta (dal
n. 30 al n. 33) *Rime del Brocardo et d'altri authori*, Venezia 1538. Analoga posizione
assumo all'interno dell'edizione di C. Saletti, *Antonio Brocardo, Rime: edizione critica
e commento,* tesi di laurea, Pavia, Università degli Studi, a.a. 1984-1985, relatore
prof. C. Bozzetti, consultabile tramite l'Archivio *della Tradizione Lirica. Da Petrarca
a Marino,* CD-ROM, a cura di A. Quondam, Lexis progetti editoriali, 1997.
[165] Si tratta del sonetto «Dio capra e uomo e lana e corne, e voi», esterno alla
princeps e testimoniato apparentemente dal solo ms. Venezia, Biblioteca
Marciana, It. IX 300, c. 81v. Secondo l'edizione Saletti (che non distingue le rime
in alcun modo, limitandosi ad aggiungere 12 testi dispersi ai 34 quelli della
princeps, estendendo la numerazione di questi ultimi) è il testo 46.

Ma l'Aretino, il Tasso padre e Castaldi non furono gli unici a piangere la prematura scomparsa del giovane poeta che osò dir male del Bembo. Niccolò Franco, prima segretario dell'Aretino poi suo acerrimo nemico [166], dedica proprio ad Alcippo dieci componimenti delle sue *Rime contro Pietro Aretino*.

251

Alcippo, pastor sacro, anzi che 'l fosco
   giorno del partir suo giungesse a sera,
   e sormontasse a la celeste sfera,
   disse cantando in suon leggiadro e tosco: 4
Caprar d'Arezzo, di cui non conosco
   fra queste selve più malvagia fera,
   sì ne rassembra la tua forma vera
   un vero infido cittadin di bosco,   8
se pur nel canto pareggiar tu vuoi
   il corbo tuo, con che le fere alletti,
   al mio bel Cigno ed a gli accenti suoi,   11
      fa che il Dio Pan per questi erbosi letti
   t'insegni altra arte che di pascer buoi,
   di guardar vacche, e d'allattar capretti.   14

252

Alcippo, de le selve altiero mostro,
   anzi che dritto al ciel lieto sen'gisse,
   lungo un chiaro ruscel cantando scrisse
   d'un subito furor tolto l'inchiostro: 4
Di qual parte infernal, o di qual chiostro
   uscì la fiera, e quale o fra le fisse

---

[166] Cfr. Pignatti (1998).

o fra le erranti, stella, che prescrisse
  d'affidarle il ricetto al bosco nostro?   8
Arno, s'egli è pur ver ch'ella a noi venne
  dal picciol nido, ove la tua Phenice
  mise le piume con che il cielo ottenne,   11
qual di maligno giorno ora infelice
  fe', ch'indi prese il volo, indi le penne
  così nera a sentir roca cornice?   14

253

Con le voglie del Ciel già tutte accese,
  sormontando lassù, leggiero e lieto,
  disse Alcippo: Immortale almo Sebeto,
  che d'ogni gloria inondi il bel paese,   4
Al tuo Pastor, che tosto a le difese
  verrà di questo bosco, ond'io m'acqueto,
  e contr'un fiero Lupo immansueto
  torrà vendetta di ben mille offese.   8
Da mia parte dirai, che l'infelice
  Alcippo, le sue rime sacre e conte
  dal ciel pur udirà, se qui non lice.   11
Ove voti farà, che 'n selva e 'n monte
  non fermi edera o lauro sua radice,
  che non li adombri l'onorata fronte.   14

254

Disse Alcippo, nel ciel correndo a volo:
  A quell'infido Can che forse vede
  non senza gioia il mio morire, e crede
  che il suo latrar mi meni a tanto duolo,   4
perché 'l mio bosco lacrimoso e solo

lasci i' partendo, facci per me fede
la voglia di colui che regna e siede
alto motor del sempiterno stuolo.   8
Colui gli dica, se 'l celeste ciglio
con lieto cenno infin di là mi chiama,
per sollevarmi del montano essiglio.   11
E dove a lui (se di salirvi brama)
disdetto fia, la 've il divin consiglio
non dona albergo ad oscurata fama.   14

255

Là dove d'Hadria i be' leggiadri nidi
piacque locar al ciel per farsi onore,
s'ode d'Alcippo questa voce fore,
mentre il mar frange i fortunati lidi.   4
Malvaggio Can, non i tuoi fieri gridi
furon del partir mio l'ira e 'l dolore
ma chi mi volse a sé, fu quel Signore,
che racqueta a ciascun gli ultimi stridi.   8
Vedi come di te qui non mi dole
per aver io vicine, e tu lontane,
le belle luci del più eterno sole.   11
La 've se venir brami, al tutto vane
le voglie avrai, ch'Erigone non vole
altro nel ciel, fuor che l'amato cane.   14

256

Scrisse Alcippo in un'elce: A l'infelice
Caprar d'Arezzo, i'sacro l'arboscello,
e pur il suo sia questo ramo e quello,
e i fior e frutti e 'l tronco e la radice.   4

Qui la malvaggia sua nera cornice,
  qui soggiorni il suo corbo, e pur con ello
  ricorra al nido ogni lugubre augello,
  ch'a sì roco cantar non si disdice.   8
In quest'ombra s'affidi, e le difese
  trovi, né mai per caldo, né per ghiaccio,
  qui le lascivie sue gli sien contese;   11
finché, volendo dall'infame impaccio
  sciorre il nodo vitale, il più cortese
  ramo fra tanti gli sostenga il laccio.   14

257

Il Corvo, che con voce adra e nimica
  garrì, nel gir colà, donde a noi ride
  il chiaro Alcippo, in sacrificio uccide
  de' divoti Pastor la schiera amica.   4
E poiché ucciso l'ha, par ch'ella dica:
  Sien de le squadre sue malvaggie e infide
  le fibre e 'l rostro, che gli furon guide;
  il sangue sia della gran Madre antica,   8
Le piume, i vanni e tutto il nero obietto
  sien de la Notte, ch'a l'oscure chiome
  ben si confanno del notturno aspetto.   11
Del nostro divo Alcippo (così come
  mostrar convien del buon voler l'effetto)
  sia sol il Cor, che dà principio al nome.   14

258

D'Arezzo il Caprar ladro, un bel capretto
  dianzi involato, ricercava scampo,
  quando l'accorto Alcippo, in mezzo un campo,

gridò sospinto da cortese affetto: 4
Qui tutti, o cani miei, ch'i' qui v'aspetto:
  a me fido Licisca, a me Melampo:
  or s'appiatta, or si sloggia ov'i m'accampo,
  or corre al chino, or poggia; è con sospetto: 8
il veggio, il seguo, il giungo, il prendo e stringo:
  già lascia il furto e si rinselva al quadro
  del bosco, e già se n'va vago e ramingo.   11
Fu d'Alcippo il gridar tanto leggiadro,
  or qua correndo in tanto, or là solingo,
  ch'Eco ancor ne risona: Al ladro! Al ladro!   14

259

La folta Quercia, ove solea far nido
  il Corbo, ch'ad Alcippo, andando al cielo
  garrì, d'Andria i pastor con fiero telo
  troncaron tutti e dissero in un grido: 4
Pera dal fondo l'arboscello infido,
  del più sinistro augel nido, ombra e velo,
  e le radici di sì fatto stelo
  disperda la natura in ogni lido.   8
L'irato ciel e le crucciose stelle
  non com'arbor di Giove, o come alloro
  la privileggin ne le lor facelle.   11
Né mai nascan più ghiande, onde il ristoro
  de' suo' frutti fiorisca, né per quelle
  riveggia il mondo la stagion de l'oro.   14

260

Restin vedovi i boschi, e dove fiede
  il Semicapro Nume, aggi ricorso

ogni tigre, ogni lupo, ogni fier orso,
e sia de' lor furor sicura sede.   4
Poiché ad oltraggio suo consente e vede,
che fra pastori un can la rabbia e 'l morso
adopri esento, e trovi ogni soccorso,
e pur e' goda le su'ingiuste prede.   8
Qui tacque Alcippo, quando al desiato
fonte de' più purgati e be' cristalli
corse, del gir lassù tutto infiammato: 11
onde a le voci de gli eterei balli,
le sponde, i liti, il mare in ciascun lato,
e Alcippo, Alcippo, rispondean le valli[167].   14

Confrontando rapidamente l'egloga tassiana con i sonetti di
Franco, appare evidente che il protagonista sia il medesimo, a
partire dalla comune menzione di Adria, riferimento più che
evidente alla regione geografica della costiera veneta.

Ma è possibile andare oltre: la prima quartina del sonetto 254
indica chiaramente che Alcippo è morto, e che della sua morte
sembra aver gioito anche più del dovuto l'Aretino; nel testo
successivo, la seconda quartina è un monologo di Alcippo che
palesa meglio le cause della sua morte: non morì per colpa delle
ingiurie (i versi) dell'Aretino, bensì perché Dio l'aveva chiamato a
sé; nei sonetti 251 e 260 si fa menzione di Pan, nell'ultimo testo
chiamato «Semicapro Nume», e ciò ricorda l'attacco del succitato
sonetto disperso di Brocardo *Dio capra e uomo e lana e corne, e voi*,
nonché i sonetti del codice Marc. It. XI 66 (=6730), attribuibili
all'Aretino, che Danilo Romei collega giustamente alla polemica
Brocardo-Aretino[168].

Tra il sonetto brocardiano e il testo 260 delle *Rime contro l'Aretino*

---

[167] Testo tratto da Sicardi (1916, pp. 125-9).
[168] Cfr. Romei (2005).

di Franco è possibile trovare un'ulteriore congruenza: il v. 5 del testo del primo recita «vi chiama Alcippo, Alcippo che di poi», a cui sembra fare eco il v. 14 del sonetto del Franco.

La figura di Alcippo viene dunque rievocata da quest'ultimo in qualità di eroe – caro al cielo e alle muse - contrapposto all'anti-eroe Aretino.

Niccolò Franco costruisce quindi, all'interno della sua raccolta, un piccolo ciclo dedicato proprio al ricordo di Alcippo, pastore scomodo che osò entrare in competizione con false autorità. E il Franco è l'unico poeta a me noto che abbia ricordato, dopo la morte del Brocardo, non la vita del giovane poeta ma le imprese del suo pseudonimo bucolico.

Va considerato, in fine, che Franco nasce nel 1515 e Brocardo muore intorno al 1531: Franco doveva essere poco più che adolescente durante le polemiche tra il poeta veneziano e l'Aretino. In più le *Rime contro Pietro Aretino* risalgono al 1541. Ciò conferma la natura simbolica di Alcippo, personaggio chiamato in causa al solo scopo di parlar male dell'Aretino.

In sintesi, dunque, dovremo parlare, più che di sonetti in morte di Brocardo (come nel caso di Bernardo Tasso, dello stesso Aretino, di Castaldi), che avrebbero ricordato il poeta a partire dal suo vero nome, di un semplice ricordo di Alcippo, pastore che in vita ebbe il merito di contestare Pietro Aretino e che morì combattendo. Tramite la rievocazione poetica di Niccolò Franco, dunque, il suo sacrificio non sarebbe stato vano.

Bibliografia

Aa. Vv. (1738), *Degl'istorici delle cose veneziane*, Venezia, Appresso il Lovisa

Procaccioli P. (a cura di) (1997), Pietro Aretino / Lettere, Roma, Salerno, 1997

Castaldi C. (1757), *Poesie volgari di Cornelio Castaldi,* In Londra.

Sicardi S. (a cura di) (1916), *Rime di Nicolo Franco contro Pietro Aretino,* Lanciano, Carabba

Mutini C. (1972), *Antonio Brocardo,* in in «Dizionario biografico degli italiani», vol. 14.

Mutini C. (1978), *Cornelio Castaldi* in «Dizionario biografico degli Italiani», Vol. 21.

Pignatti F. (1998), *Nicolò Franco* in «Dizionario biografico degli Italiani», Vol. 50

Romei, D. (2005), *Pietro Aretino tra Bembo e Brocardo (e Bernardo Tasso),* in Romano A.-Procaccioli P. (a cura di), *Studi sul rinascimento italiano. Italian renaissance studies, in memoria di Giovanni Aquilecchia,* Manziana, Vecchiarelli, 148-57

Saletti C. (1996) *Bernardo Tasso e il Brocardo* in *Per Cesare Bozzetti: studi di letteratura e filologia italiana,* Milano, Fondazione Arnoldo e Alberto Mondadori, 409-24.

Saletti C. (1997), *Antonio Brocardo, Rime: edizione critica e commento,* tesi di laurea, Pavia, Università degli Studi, a.a. 1984-1985, relatore prof. C. Bozzetti, consultabile tramite l'Archivio *della Tradizione Lirica. Da Petrarca a Marino,* CD-ROM, a cura di A. Quondam, Lexis progetti editoriali, 1997

Chiodo D. (a cura di) (1995), *Bernardo Tasso / Rime,* Torino, RES

La letteratura in rete e gli strumenti digitali

Premessa

L'uso dei computer, che irrompe nello studio del testo letterario, segue sempre un percorso ricettivo sinusoidale che va dalle creste transumaniste di chi crede di essere entrato in una *new era*, in cui tutto deve andare ripensato, priorità di studio comprese, alle valli di chi punta il dito contro una certa strumentazione, colpevole di far perdere l'orientamento spaziale e temporale all'umanista, oltre che la sua precisa collocazione fisica in una sala di lettura (intento a consultare tradizionalmente volumi, prendendo tradizionalmente appunti).

Timori e speranze – utili però solo nel momento in cui convivono criticamente – non distolgano però l'attenzione dai reali oggetti dei nostri studi: il testo e la sua contestualizzazione. Ben vengano, dunque, nuove metodologie d'indagine e nuovi strumenti. E se tale modo di avvicinarsi al testo risulterà migliore, potremo a buon titolo definire le attuali tecnologie utili. In caso contrario, quanto meno si agisca con la massima cautela. Ma per non far sembrare quanto enunciato fino ad ora una falsa dicotomia, è fondamentale precisare che esiste un'infinità di sfumature tra l'utile e l'inutile, per lo più derivante da come il fruitore andrà a relazionarsi con le odierne risorse a disposizione.

Eppure non riconoscere la larga diffusione di questo nuovo rapporto col testo significa chiudere gli occhi di fronte ad un enorme cambiamento in atto. La progressiva digitalizzazione del materiale cartaceo (e non solo), l'aumento dei testi critici *born digital* (per esempio le riviste *online*) e la loro libera circolazione nel web –

oltre ad aver rivoluzionato le modalità di conservazione dei dati[169] – hanno di fatto reso prioritaria una indagine *online* per qualunque argomento di studio. Ricerca che poi potrà o meglio dovrà essere approfondita ed ampliata nelle sedi fisiche opportune, ma che non può non considerare il web come propedeutico.

Dal catalogo digitale alla biblioteca digitale

Lo studioso che si rivolge alla rete, alla ricerca di un'informazione utile ai suoi studi, potrà sostanzialmente trovarsi di fronte a due tipi di risposte: il metadato ed il dato vero e proprio. Si definisce metadato quel dato che ne descrive un altro, come nel caso della collocazione di un volume in una certa biblioteca[170]. Chi, per esempio, ha la necessità di consultare il testo R. RENIER, *Svaghi Critici*, Bari, Laterza, 1910, potrà impostare la ricerca all'interno del catalogo informatizzato della Biblioteca Nazionale Centrale di Roma[171], controllare l'effettiva presenza del titolo *in loco*, e, in caso affermativo, l'esatta collocazione e le modalità di consultazione. Qualora l'opera non fosse presente in biblioteca, non sarà poi più

---

[169] Cfr. Numerico-Fiorimonte-Tomasi (2010, 119).

[170] «Con il termine metadato (dal greco meta "oltre, dopo"), che letteralmente significa "dato su un altro dato", si indica l'informazione che descrive un insieme di dati e viene inteso nella sua accezione più comune come un'amplificazione delle tradizionali pratiche di catalogazione bibliografica in un ambiente elettronico». Cfr. A. Sbrilli-L. Finicelli, *Informatica per i beni culturali*, Roma, RAM Multimedia, 2007, p. 83.

[171] L'OPAC (acronimo di Online Public Access Catalogue) SBN (Servizio Bibliotecario nazionale) è consultabile alla *url* http://193.206.215.17/BVE/ricercaSemplice.php. Recentemente è disponibile al download – a partire dalla *homepage* – anche un'applicazione per dispositivi Android e Apple, che permette di interrogare l'OPAC mediante un'interfaccia più agevole per i dispositivi mobili, e di fatto molto più intuitiva.

difficile impostare un'indagine su larga scala. La progressiva digitalizzazione dei cataloghi delle biblioteche italiane e la creazione del ben noto OPAC SBN da parte dell'ICCU[172] (Istituto Centrale per il Catalogo Unico) hanno reso questo tipo di operazioni facili e veloci: un motore di ricerca *google-like* (a cui si affianca un settore più complesso riservato alle ricerche avanzate) individua rapidamente la biblioteca in cui è presente l'opera di cui si ha bisogno.

Fin qui nulla di particolarmente problematico: il web, considerato come un grande catalogo, ed archivio di metadati – digitalizzati o *born digital* – è certamente una risorsa fondamentale, in quanto orienta al reperimento del dato fisico in modo rapido ed efficace. Il succitato ICCU, per restare in argomento, è responsabile di altri strumenti di reperimento del metadato. Tra i più noti i progetti *Edit 16*[173], *Manus On-line*[174] e *Cataloghi storici*[175] sono oramai diventati mezzi indispensabili per gli studiosi di letterature antiche. Il metadato è qui inteso non più come semplice indicazione del reperimento del dato (collocazione dell'opera o segnatura), ma anche come prima descrizione fisica e standardizzata del dato

---

[172] Dalla *home page* dell'istituto si legge «L'ICCU gestisce il catalogo online delle biblioteche italiane e il servizio di prestito interbibliotecario e fornitura documenti; cura i censimenti dei manoscritti e delle edizioni italiane del XVI secolo e delle biblioteche su scala nazionale; elabora standard e linee guida per la catalogazione e la digitalizzazione. Opera in stretta collaborazione con le Regioni e le Università al servizio delle biblioteche, dei bibliotecari e dei cittadini». Cfr. la pagina http://www.iccu.sbn.it/opencms/opencms/it/.
[173] Censimento nazionale delle edizioni italiane del XVI secolo <http://edit16.iccu.sbn.it/web_iccu/ihome.htm>.
[174] ManusOnline, Censimento dei manoscritti delle biblioteche italiane <http://manus.iccu.sbn.it/index.php>.
[175] Cataloghi Storici: digitalizzazione dei cataloghi storici manoscritti, a volume o a schede, di 37 biblioteche italiane <http://cataloghistorici.bdi.sbn.it/>.

stesso, utilissima anche se di gran lunga insufficiente: la consultazione del materiale *de visu* resta sempre l'unico possibile passo successivo.

Le cose si complicano quando il web si trasforma da base di metadati a base di dati, ossia quando in rete iniziano ad essere disponibili direttamente i dati stessi. I grandi progetti di digitalizzazione del materiale preesistente come *Internet Archive*[176] (nato nel 1996), *Gallica*[177] (risalente al '97) ed i più recenti *Wikisource*[178] (2003) *Google Books*[179] (del 2004) hanno immesso nel web migliaia di documenti, in libera consultazione. Per riallacciarci all'esempio di prima, tramite *Internet Archive* sarà possibile reperire e leggere direttamente il prefato volume di Rodolfo Renier[180]. Non più il solo metadato, quindi, ma il dato già pronto alla fruizione.

In questi grandi collettori vanno a confluire quei volumi oramai fuori dal *copyright*, che possono dunque essere liberamente diffusi. Una perfetta sintesi delle descritte operazioni è leggibile nella premessa che Google inserisce all'inizio delle sue digitalizzazioni:

Si tratta della copia digitale di un libro che per generazioni è stato conservato negli scaffali di una biblioteca prima di essere digitalizzato da Google nell'ambito del progetto volto a rendere disponibili online i libri di tutto il mondo. Ha sopravvissuto abbastanza per non essere più protetto dai diritti di copyright e

---

[176] *Homepage*: https://archive.org/.
[177] *Homepage*: http://gallica.bnf.fr/.
[178] *Homepage*: http://it.wikisource.org/wiki/Pagina_principale.
[179] *Homepage*: http://books.google.it/.
[180] Il volume si può liberamente leggere *online*, ovvero scaricare in vari formati (tra cui pdf, B/W pdf e *mobi*) a partire dalla *homepage* https://archive.org/details/imgAVI528MiscellaneeOpal.

diventare di pubblico dominio. Un libro di pubblico dominio è un libro che non è mai stato protetto dal copyright o i cui termini legali di copyright sono scaduti. La classificazione di un libro come di pubblico dominio può variare da paese a paese. I libri di pubblico dominio sono l'anello di congiunzione con il passato, rappresentano un patrimonio storico, culturale e di conoscenza spesso difficile da scoprire. Commenti, note e altre annotazioni a margine presenti nel volume originale compariranno in questo file, come testimonianza del lungo viaggio percorso dal libro, dall'editore originale alla biblioteca, per giungere fino a te.

Similmente si può leggere nella premessa alle scansioni di *Gallica*:

Les contenus accessibles sur le site Gallica sont pour la plupart des reproductions numériques d'oeuvres tombées dans le domaine public provenant des collections de la BnF

Ma riversare l'intero contenuto di una biblioteca sulla rete non basta di certo a mettere in piedi una biblioteca digitale, ossia un ambiente capace di sfruttare ogni possibilità di approccio al testo offerta dagli strumenti informatici. Fabio Ciotti sintetizza al meglio le condizioni *sine quibus* non sarebbe ancora il caso di parlare di biblioteche digitali. Una tale biblioteca dovrebbe per lo meno avere dei precisi sistemi di archiviazione dei documenti, di attribuzione e ricerca dei metadati, di distribuzione remota, di consultazione *online*, di ricerca avanzata sul contenuto dei documenti stessi[181].

Poter consultare un testo in una biblioteca digitale, dunque, non

---

[181] Rimando all'esaustivo saggio di Ciotti (2003).

dovrebbe avere come unico vantaggio quello di risparmiare spostamenti fisici: le ricerche intratestuali ed intertestuali del fruitore digitale in teoria possono essere molto più agili e mirate. Eppure i problemi sorgono non solo laddove non tutte le biblioteche digitali soddisfano i requisiti sopra indicati, ma anche nel caso in cui la tecnologia alla base della stessa digitalizzazione sia ancora imprecisa.

Innanzitutto bisogna riprendere la distinzione tra materiale digitalizzato e *born digital*. In un documento .doc, in una pagina web, nell'oramai diffusissimo formato .pdf in cui è disponibile – ad esempio – la maggioranza degli articoli delle riviste scientifiche *online*, impostare una ricerca interna non è affatto complesso: di solito si tratta di aprire un motore di ricerca utilizzando la scorciatoia da tastiera CTRL+F.

Le cose si complicano per le digitalizzazioni. Se però per digitalizzazione intendiamo la diretta trascrizione dei dati in un documento elettronico – una pagina web o di un *word processor* ad esempio – allora *nulla quaestio*, perché il documento avrà tutte le caratteristiche di ciò che nasce digitale, e come tale potrà essere consultato ed interrogato. Ma se si digitalizza in modi diversi possono insorgere alcune problematiche. Mettiamo a confronto due risorse informatiche *online* fondamentali per lo studio dell'italianistica: il succitato *Internet Archive*, contenente innumerevoli monografie, saggi ed edizioni ottocentesche e primonovecentesche, e *Biblioteca Italiana*.

I testi ospitati in *Biblioteca Italiana* provengono da riversamenti trascrittivi, *ergo* nascono digitali nella forma in cui sono consultabili. Certamente poi saranno soggetti a trattamenti più specifici, per poi essere parte di programmi più complessi, che permetteranno varie possibilità di visualizzazione ed interrogazione degli stessi.

Le *Rime* di Bernardo Tasso, ad esempio, compaiono liberamente consultabili   all'indirizzo <http://www.bibliotecaitaliana.it/indice/visualizza_testo_html/b ibit001547>. Un pratico sistema di visualizzazione ad indice ci permette di scegliere il libro e il componimento, e consente di leggerlo direttamente. Siamo abilitati a copiare l'intero testo o porzioni di esso, ad interrogarlo mediante il motore del nostro *browser* (CTRL+F). Possiamo anche cercare porzioni di testo all'interno dell'intera opera mediante il motore offerto dal sito stesso.

I testi presenti in *Internet Archive*, invece, sono per lo più scannerizzazioni. Il materiale cartaceo fa la sua comparsa elettronica non come documento, dunque, ma come immagine. Sta poi ai programmi di OCR (*Optical Character Recognition*) riconoscere i caratteri e procedere alla creazione di un documento di testo vero e proprio. I dati saranno dunque leggibili o in immagine, mediante un *software* interno al sito di visualizzazione sequenziale, o consultabili nella loro versione testuale, risultato del riconoscimento elettronico dei caratteri.

Più passaggi dal materiale cartaceo al testo digitale implicano sempre l'aumento della possibilità d'errore. Se è vero che nella trascrizione va tenuto conto dell'errore umano, bisogna sottolineare che OCR è ben lontano dall'essere perfetto. Questi *software* danno risultati ottimi per documenti recenti, perfettamente stampati e scannerizzati con cura. Ma ovviamente minore è la qualità di stampa, minori sono le possibilità d'azione di OCR[182]. Oltretutto, più si va indietro nel tempo, più è facile imbattersi in caratteri non normalizzati, che i *software* confondono con molta

---

[182] Sull'argomento si veda per lo meno l'ottimo saggio di Orlandi (1994).

facilità (come – ad esempio – nel caso della <s> italica, spesso riportata come <f>).

Prendendo sempre in esame il testo di Renier, disponibile al *link* sopra citato, avremo così più possibilità: sfogliare il testo, scaricarlo in diversi formati, consultarlo in modalità *full text* (per poterlo – magari – interrogare mediante CTRL+F). E procedendo in tal senso, potremo facilmente toccare con mano vantaggi e svantaggi di OCR. Basterà soffermarsi alle pagine di guardia, e alla dedica per capire che qualcosa non ha funzionato come avrebbe dovuto:

all'uno e all'altro
VITTORIO

VITTORIO GIAN e VITTORIO ROSSI
che mi è onoee
l'avetì avuti discepoli
che mi è dolcezza
l'avere amici

DEDICO.

Gli errori sono diversi: *Gian* al posto di *Cian*, onoee al posto di *onore*, *avetì* al posto di *aver*. Proseguendo però con la lettura del volume in modalità *full text*, a parte qualche simile errore, non ci sono gravi storpiature del testo. Certo questo limita l'interrogabilità, rendendone i dati non completi al cento per cento. Ma è comunque un'ottima risorsa ed un primo, importante orientamento a nostra disposizione, destinato a diventare migliore man mano che le ricerche in ambito di riconoscimento ottico saranno perfezionate. La ricerca intradocumentaria è tanto più utile, quanto più antichi e sprovvisti di indici analitici saranno i documenti, ma comunque non può mai prescindere da una lettura diretta di intere porzioni del testo, data la parzialità dei risultati.

OCR è un *software* ampiamente utilizzato anche nel più noto *Google Books*, dove pure è possibile una visualizzazione *solo testo*, oltre che una ricerca diretta e una consultazione del risultato direttamente nell'immagine scannerizzata (comunemente più nota).

Ordine e analisi: biblioteche tematiche e corpora *online*

Sulla scia dei grandi progetti di digitalizzazione del materiale cartaceo, moltissime biblioteche stanno procedendo a scannerizzare quanto meno il materiale antico, a stampa e manoscritto.

Vengono così a rimpinguarsi i collettori di tali documenti. L'Università di Torino, ad esempio, ha riversato i propri materiali all'interno di *Internet Archive*[183], ma il progetto più attivo resta sempre *Google Books*. Si legge, a questo proposito, dal sito della Biblioteca Nazionale Centrale di Roma:

Lunedì 10 dicembre [2012], sono partiti dalla Biblioteca Nazionale Centrale di Roma i primi volumi destinati ad inaugurare il progetto di digitalizzazione del patrimonio librario. I volumi diventeranno file digitali, idonei ad essere conservati e consultati nell'immediato futuro grazie all'accordo siglato tra il MiBAC e Google Libri nel marzo 2010 per la digitalizzazione di un minimo di 500.000 testi sino ad un massimo di un milione di volumi [...] I file digitali dei volumi potranno essere liberamente e gratuitamente visualizzabili

---

[183] *Homepage*: https://archive.org/details/opallibriantichi.

in full text e scaricabili poiché si tratta di opere di pubblico dominio (editate fino al 1871) che non rientrano nelle limitazioni imposte dalla legge sul diritto d'autore, e saranno reperibili sui siti web delle Biblioteche, in Internet culturale, in Cultura Italia ed in Europeana o su qualsiasi altro sito presente o futuro di proprietà del MiBAC, nonché sul sito di Google Books.

Le Biblioteche avranno la facoltà di utilizzare le loro copie digitali interamente o parzialmente a propria discrezione nell'ambito dei servizi offerti sui siti istituzionali, permettendo così una accessibilità assoluta alle collezioni.

Le biblioteche del MiBAC coinvolte sono la Biblioteca Nazionale Centrale di Roma, coordinatore esecutivo del progetto, la Biblioteca Nazionale Centrale di Firenze e la Biblioteca Nazionale Vittorio Emanuele III di Napoli. Partecipa al progetto anche l'Istituto Centrale per il Catalogo Unico delle Biblioteche italiane e per le Informazioni Bibliografiche - ICCU[184].

Si creano in tal modo enormi quantitativi di dati, bisognosi di organizzazione. Ecco che nascono biblioteche per così dire tematiche, che propongono una selezione per argomento dei materiali presenti negli spazi virtuali in cui si riversa il patrimonio librario o manoscritto di una ipotetica biblioteca. E poiché la digitalizzazione è già avvenuta, la nuova biblioteca rimanda all'opera archiviata tramite un semplice *link*. Affinché un'opera coesista in due biblioteche digitali, non è assolutamente necessaria una duplice digitalizzazione o archiviazione: basta un semplice rimando. Si consideri il caso del progetto *An analytic bibliography of*

---

[184] Notizia presente all'indirizzo:
http://www.bncrm.librari.beniculturali.it/index.php?it/832/progetto-googlebooks

online neolatin texts[185], che si propone di raccogliere i testi neolatini digitalizzati. Gli autori, le cui opere sono disponibili sulla rete, vengono elencati in ordine alfabetico. Un *link* rinvia ai loro testi, già digitalizzati all'interno di altri progetti:

AUTHOR Siber, Adam Theodor (1563 - 1616)
TITLE Selections from Gruter's *Delitiae poetarum Germanorum*
URL http://www.uni-mannheim.de/mateo/camena/del6/books/deliciae6_6.html
SITE CAMENA
SUBJECT Poetry
NOTES Html format
AUTHOR Siber, Johann Caspar
TITLE *In Proverb. XXIII. 26. da mihi fili cor tuum*
URL http://www.archive.org/details/MN40303ucmf_11
SITE Internet Archive
SUBJECT Religion
NOTES Dpr of the 1727 edition

Nel primo esempio il rimando è a *Camena*[186], progetto di digitalizzazione di edizioni neolatine; nel secondo il *link* è al ben più famoso *Internet Archive*.

Altro celebre caso è la biblioteca *Perseus Catalogue*, specializzata nell'area grecoromana. All'interno del motore di ricerca presente nella *home* è possibile ricercare un autore, ottenere la lista delle opere digitalizzate, quindi il rimando al *link* della digitalizzazione. Cercando, ad esempio, le *Odi* di Orazio[187] saremo reindirizzati

---

[185] *Url*: http://www.philological.bham.ac.uk/bibliography/.
[186] CAMENA, *Corpus Automatum Multiplex Electorum Neolatinitatis Auctorum.* *Homepage*: http://www.uni-mannheim.de/mateo/camerahtdocs/camena.html.
[187] La scheda risultante è consultabile al *link*:

verso l'edizione di Paul Shorey del 1898, all'interno di *Internet Archive*. Potremo altresì usufruire della digitalizzazione dello stesso testo – in un'affidabile versione *full text* – all'interno della famosa *Perseus Digital Library*[188]. Il risultato sarà un documento ampiamente interrogabile, fino alla possibilità di cercare su *corpora* linguistici ogni singola parola mediante un semplice *click*.

Le digitalizzazioni, infatti, possono avere principalmente due scopi: rendere disponibile al fruitore un testo, lasciandolo libero di interrogarlo di propria iniziativa[189] ovvero di non interrogarlo affatto (il tutto dipenderà dal fine ultimo della lettura e/o dalla sua curiosità), oppure dargli – in aggiunta – la possibilità di analizzarlo attraverso l'offerta di strumenti aggiuntivi. Si è detto che una biblioteca digitale degna di tale titolo dovrebbe mettere a disposizione del lettore strumenti per l'interrogazione del documento, rendendo il web – e il computer in genere – qualcosa di più di una semplice macchina da lettura, anche se in effetti tutto continuerà a dipendere dalla tipologia dell'utente finale.

Ma, a differenza del semplice lettore interessato al testo oggetto della ricerca, è necessario che lo studioso abbia un approccio contemporaneamente intratestuale ed intertestuale. A questi non servirà, dunque, soltanto leggere il testo o interrogarlo sommariamente, bensì metterlo in relazione con altri testi, ad esempio per studiarne precedenti e/o fortuna. Saranno necessari risorse e strumenti d'interrogazione ben più evoluti.

---

http://catalog.perseus.org/catalog/urn:cts:latinLit:phi0893.phi001.perseus-lat1.

[188] *Home*: http://www.perseus.tufts.edu/hopper/.

[189] Potrà – ad esempio – utilizzare il citato comando CTRL+F direttamente dal *browser*, copiare e incollare il testo su di un *word processor* e procedere all'interrogazione interna ad esso etc.

Diventano dei veri e propri *corpora online* quelle particolari biblioteche digitali – o specifici segmenti d'esse – le cui modalità di interrogazione si fanno oltremodo ricche e versatili ed i cui testi sono presi in esame più per ricerche mirate che per una semplice consultazione.

Mettiamo nuovamente a confronto due risorse online: *The Latin Library*[190] e *Musisque Deoque*[191]. Il primo è un progetto di digitalizzazione dei testi in lingua latini, il secondo – sempre nell'ambito della lingua latina – prende in considerazione la sola poesia.

Ma mentre *The Latin Library* offre un servizio principalmente finalizzato alla consultazione, *Musisque Deoque* dà una serie di strumenti di interrogazione (motori di ricerca e filtri) per l'analisi del testo. All'interno del sito in questione è sia possibile impostare una ricerca semplice che interrogare il documento mediante ricerca avanzata. Si potrà – ad esempio – ricercare una data stringa solo in componimenti composti con certi tipi di verso, solo in determinati autori, solo in una certa posizione all'interno del verso etc.

Quello che il pionieristico *Musisque Deoque* mette a disposizione è in realtà un vero e proprio *corpus* d'analisi testuale. In più, una costola del citato progetto è costituita da *Poeti italiani in lingua latina*, un *corpus* contenente componimenti latini di area italiana compresi cronologicamente tra Dante ed il Cinquecento. Le modalità di interrogazione restano le medesime.

Certamente i grandi repertori *offline* sono stati all'avanguardia a tal proposito. Mi riferisco ai CD ROM della Letteratura Italiana Zanichelli (LIZ), dell'Archivio della Tradizione Lirica (ATL) o alla

---

[190] *Homepage*: http://www.thelatinlibrary.com/.
[191] *Homepage*: http://www.mqdq.it/mqdq/.

Biblioteca Teubneriana Latina (BTL), preziosi strumenti il cui utilizzo è tutt'ora imprescindibile. Ma rispetto ai *corpora offline*, i *corpora online* hanno la possibilità di accrescersi con le progressive digitalizzazioni disponibili in rete, ponendosi come maschere – man mano create a seconda delle esigenze di studio – per progetti da questi indipendenti. In altre parole, per creare *corpora online* è possibile appoggiarsi a lavori di digitalizzazione già effettuati, con rimandi semplici ed immediati.

Assieme alle biblioteche digitali, detti *corpora online* saranno dunque (sempre più col passare del tempo) un tentativo di riordino – a misura di studioso – nel *mare magnum* del digitalizzato.

Pubblicazioni scientifiche in rete: riviste, edizioni, database, carnet de recherche

Neppure la letteratura scientifica può, chiaramente, evitare di relazionarsi con il mondo digitale, e per quanto già edito, e per quanto in procinto di essere pubblicato.

Scorrendo – ad esempio – la pagina dedicata ai periodici in linea di *ARLIMA* (*Archives de littérature du moyen age*)[192], ci si imbatte – tra gli altri – nei *link* delle digitalizzazioni di quasi tutti i numeri del *Giornale storico della letteratura italiana* dal 1883 al 1920, di *Archivio veneto* dal 1871 al 1890, nei collegamenti ad alcuni numeri delle riviste *Studi Medievali* (dal 1904 al 1913), *Studj di filologia romanza* (dal 1885 al 1903), alcuni numeri di *Archivium Romanicum* (dal 1917 al 1920).

I *link* ridirezionano a *Internet Archive*. Si sente dunque la stessa necessità di digitalizzare le riviste che si avverte nel digitalizzare

---

[192] *Url* della sezione: http://www.arlima.net/periodiques_en_ligne.html.

edizioni, monografie o studi miscellanei.

Di sicuro la necessità della fruizione digitale dei periodici scientifici è ben più evidente nel panorama del *born digital*. Sempre più riviste, infatti, scelgono la diffusione *online* sin dalla loro nascita. Il noto sistema *Open Journal System* (abbreviato in OJS) dà la possibilità alle riviste stesse non solo di pubblicare i vari contributi sotto forma di *file* pdf, ma semplifica notevolmente le procedure di invio e revisione[193]. Si legge nella *home* di *Public Knowledge Project*, iniziativa di ricerca cha ha sviluppato e tuttora gestisce il *software* OJS:

OJS assists with every stage of the refereed publishing process, from submissions through to online publication and indexing. Through its management systems, its finely grained indexing of research, and the context it provides for research, OJS seeks to improve both the scholarly and public quality of refereed research[194].

La pubblicazione *online* snellisce, dunque, molte procedure, ma principalmente permette al testo di poter essere facilmente individuato e consultato nella sua interezza anche a partire da un motore di ricerca generico, come – ad esempio – lo stesso *Google*[195]. La visualizzazione del pdf – tramite il software OJS – è possibile e *online*, e *offline*, previo *download*.

Pubblicano allo stesso modo – in pdf – i loro contributi le

---

[193] Tra le riviste italiane di ambito letterario, nate digitali ed attualmente funzionanti – con profitto – mediante OJS troviamo gli *Annali Online di Lettere – Ferrara* <http://annali.unife.it/lettere> e *Ticontre. Teoria Testo Traduzione* <http://www.ticontre.org/ojs/index.php/t3/index>.
[194] Cfr. la *url* https://pkp.sfu.ca/ojs/.
[195] Per ricerche più specifiche nel campo dei contribuiti scientifici, *Google* ha un motore di ricerca dedicato, ossia *Google Scholar* <http://scholar.google.it/>.

riviste ospitate nella piattaforma *Revues.org*[196] edita da *OpenEdition*[197], editore francese specializzato nell'edizione elettronica libera.

A fronte del cambiamento di supporto – da cartaceo a elettronico – non sembrano corrispondere svantaggi di sorta. Se il processo di accettazione e valutazione dei contributi resta il medesimo delle sedi unicamente cartacee, se supervisiona il funzionamento della rivista (e ne garantisce gli *standard*) un comitato scientifico di esperti in materia, la pubblicazione *online* può soltanto offrire l'enorme vantaggio di essere consultabile ovunque e ben più rapidamente.

Non dimentichiamo – nonostante l'impossibilità in questa sede di approfondire un argomento così delicato – i numerosissimi vantaggi della pubblicazione *online* di edizioni critiche *born digital*, recentemente analizzati in un utilissimo libello di Paola Italia e Giulia Raboni. Oltre ad un'interfaccia più pulita ed intuitiva che rappresenti la genesi e l'evoluzione del testo, nonché uno snellimento metodologico le autrici insistono sulla possibilità di collaborazione tra esperti e sulla più larga accessibilità del prodotto[198].

Un prodotto immesso in rete, poi, ha anche l'enorme vantaggio di poter essere modificato, ovvero aggiornato. Ma se da una parte appare fondamentale trattare i saggi di riviste tradizionali – pubblicate però *online* – come prodotti stampati, dunque immodificabili, dall'altra si fa finalmente spazio a nuove sedi scientifiche – spesso figlie di esigenze molto più vecchie – la cui peculiarità risiede proprio nell'aggiornamento continuo. Si pensi –

---

[196] *Homepage*: http://www.revues.org/.
[197] *Homepage*: http://www.openedition.org/.
[198] Cfr. Italia-Raboni (2010, 33-37).

ad esempio – alla lessicografia: un ambito scientifico in cui i lavori, dai tempi notoriamente molto lunghi, rischiano di diventare antiquati prima ancora di essere completi. La pubblicazione *online*, proprio perché aggiornabile, è stata scelta per il noto *TLIO - Tesoro della lingua italiana delle origini*. Si legga quanto afferma a tal proposito Beltrami:

> Un primo problema era come gestire la redazione in presenza di una base di dati in evoluzione, che fa sì che le voci restino indietro rispetto alla documentazione; problema di fondo, perché l'evoluzione è un fatto permanente, in quanto si accolgono via via edizioni di testi prima inediti e nuove migliori edizioni di testi già presenti nel corpus. Per risolverlo, si è scelto di pubblicare le voci nel sito Web, dove periodicamente è possibile non solo aggiungerne di nuove, ma emendare e integrare le vecchie, e di considerare questa la versione ufficiale del vocabolario; le voci si pubblicano anche nel Bollettino [...] ma non ci si preoccupa del fatto che questa versione viene poi superata[199].

Ogni lemma si articola in più sezioni: lista forme, nota etimologica, note linguistiche, note, lista definizioni e in ultimo redattore (e data).

Per estensione, qualsiasi opera si strutturi per lemmi come un dizionario (una vera e propria enciclopedia tematica, ad esempio), potrà cogliere i vantaggi della pubblicazione *online*. Devono aggiornarsi – chiaramente – le modalità di citazione: per riferirsi ad una voce sarà necessario esplicitare la data esatta dell'ultima modifica, se riportata, oppure la data di consultazione.

Il progetto *TLIon – Tradizione della letteratura italiana online*, ad esempio diretto da Claudio Ciociola, si definisce pubblicazione

---

[199] Cfr. Beltrami (2001, 123-82).

periodica *online*, specificando il tipo di periodicità con l'espressione «aggiornamento continuo (le schede sono datate)[200]». Il sito è una banca dati, che offre all'utente schede relative alla tradizione filologica delle opere della letteratura italiana. In ogni scheda vengono indicati manoscritti, edizioni – antiche e moderne – e bibliografia. Ognuno di questi riferimenti è oggetto – a sua volta – di una scheda, consultabile anche a parte, e può essere inserito in più schede di tradizione. E se le schedature dei manoscritti, delle edizioni e dei riferimenti bibliografici tenderanno ad essere dati maggiormente statici, la scheda *TLIon* sarà aggiornabile ogni qual volta ci siano novità rilevanti.

Inoltre la pubblicazione *online* ha indotto – sempre nel panorama scientifico – anche la creazione di nuove sedi figlie di esigenze ben più recenti: aggiornare i colleghi sullo *status quaestionis* del proprio lavoro di ricerca in tempo reale, al fine di vivacizzare e velocizzare gli studi in una data disciplina. Mi riferisco a ciò che viene comunemente definito *scientific blogging*.

Hypotheses è forse la più nota piattaforma – sempre interna ad *OpenEdition* – che ospita *blog* scientifici, detti in francese *carnet de recherche*. Nella descrizione del progetto si legge:

Hypotheses is a publication platform for academic blogs. It enables researchers to provide real-time updates of developpements in their own research. Academic blogs can take numerous forms: accounts of archaeological excavations, current collective research or fieldwork; thematic research; books or periodicals reviews; newsletter etc. Hypotheses offers academic blogs the enhanced visibility of its

---

[200] *Homepage*: http://www.tlion.it/.

humanities and social sciences platform[201].

Un comitato scientifico è preposto alla valutazione delle proposte in ingresso:

Requests are examined by Hypotheses.org's team according to two editorial criteria: projects must have an institutional foundation and they must be orientated to a specific research project. Our team could possibly provide recommendations on the project[202].

Per quanto, dunque, l'esigenza di comunicare aggiornamenti sul proprio lavoro possa essere un'operazione volutamente slegata dai meccanismi di *peer-review*, tale piattaforma di per sé garantisce l'orientamento scientifico degli articoli del *blog*.

Di certo non si potrà dare lo stesso peso al *post* di un *blog* – per quanto scientifico possa essere – e ad un saggio sottoposto a un giudizio di *referee* esperti in materia, né ciò è lo scopo dell'intero sistema dello *scientific blogging*. Ma si può senza dubbio riempire quel vuoto che intercorre da una pubblicazione canonica all'altra, anticipare sommariamente argomenti in procinto di sviluppo, diffondere in maniera più snella i risultati – anche parziali – delle proprie ricerche, in modo da favorire cooperazione e collaborazione tra studiosi.

---

[201] Cfr. la *url*: http://hypotheses.org/about/hypotheses-org-en.
[202] Come si legge in http://f-origin.hypotheses.org/wp-content/blogs.dir/1/files/2011/12/Imprimer-%E2%8C%93-Enqu%C3%AAtes-_-Surveys-OpenEdition.org-Hypotheses.orgs-online-registration-form.pdf.

I segnalibri dell'italianista: un esempio concreto

Alla luce di tutte le risorse fino ad ora presentate, bisogna prendere atto che il *browser* per la navigazione in internet offre senza dubbio un piano di lavoro molto versatile: la recente navigazione a schede permette una consultazione multipla di opere e risorse. Si ha a che fare, dunque, con uno strumento non così lontano dal celebre leggio rotante di Agostino Ramelli[203].

Senza, così, attendere la creazione di nuove biblioteche tematiche e quant'altro, possiamo in prima persona indicizzare digitalizzazioni e strumenti di ricerca *online*, creando una lista di segnalibri all'interno del *browser*, memorizzando l'indirizzo delle pagine consultate più di frequente, smistando magari tali rimandi anche in categorie[204].

Un esempio potrebbe essere il seguente: una suddivisione dei preferiti in motori di ricerca, biblioteche e digitalizzazioni, *corpora*, dizionari ed enciclopedie.

Tra i motori di ricerca più utili possiamo memorizzare: *DOAJ search*[205], uno strumento *google-like* che permette la ricerca di stringhe testuali all'interno delle riviste scientifiche digitali pubblicate in *open*

---

[203] Si veda il passaggio dedicato alla celebre macchina progettata da Ramelli di Manguel (2009, 119).
[204] Ciò costituisce il *leitmotiv* di *Filologia Risorse Informatiche, carnet de recherche* – diretto e curato da chi scrive – che mira a raccogliere le principali risorse *online* utili agli *studia humanitatis*, dai cataloghi ai collettori di testi – letterari e scientifici – fino ad arrivare agli strumenti più aggiornati per impostare al meglio un'analisi testuale. La *url* del progetto è la seguente: fri.hypotheses.org
[205]   *Url*:
http://doaj.org/search?source={%22query%22:{%22match_all%22:{}}}#.V HbxhckhB4c

access; *Italinemo*[206], un motore di ricerca di metadati specifico per le riviste di italianistica; *Pdf search engine*[207], motore generico di ricerca all'interno del materiale pubblicato in .pdf, utilissimo in quanto la maggior parte della letteratura scientifica pubblica *online* in tale formato i suoi contributi.

Tra le biblioteche bisognerà senza dubbio memorizzare i grandi collettori generici di cui si è già parlato, *Internet Archive, Gallica, Wikisource*. È inoltre necessario avere sempre a portata di mano la pagina della *Biblioteca Italiana*, di *The Latin Library*, di *Perseus Digital Library*, risorse anch'esse prese in esame. Sarà il caso di aggiungere a questa lista almeno *Documenta Catholica Omnia*[208], imponente opera di digitalizzazione di ogni documento relativo a papi, padri, scrittori ed eruditi interni alla Chiesa, e *LiberLiber*[209], la biblioteca digitale collegata al Progetto Manuzio. Chi poi dovesse avere la necessità di consultare direttamente materiale antico, dovrà memorizzare le pagine in cui, gradualmente, le biblioteche cominciano a riversare le digitalizzazioni di stampe antiche, incunaboli e manoscritti. È già possibile – ad esempio – consultare molti codici ed incunaboli conservati nella Biblioteca Apostolica Vaticana[210], numerosi manoscritti custoditi nella Biblioteca Mediceo-Laurenziana[211] ed

---

[206] *Url*: http://www.italinemo.it/.

[207] *Url*: http://www.pdfsearchengine.org/.

[208] *Url*: http://www.documentacatholicaomnia.eu/.

[209] *Url*: http://www.liberliber.it/.

[210] I manoscritti sono disponibili alla pagina http://www.mss.vatlib.it/gui/scan/link.jsp; gli incunaboli all'indirizzo https://www.vatlib.it/home.php?pag=inc_digitalizzati.

[211] L'antico fondo mediceo dei Plutei è già disponibile; altri fondi sono in corso di digitalizzazione. La *homepage* – in cui impostare le ricerche e trovare le istruzioni d'uso – è la seguente: http://teca.bmlonline.it/TecaRicerca/index.html.

alcuni incunaboli della Biblioteca Marciana[212].

Tra i dizionari giova appuntarsi il "rovesciamento" digitale della prima edizione del *Dizionario degli accademici della Crusca*, il *Tesoro della Lingua Italiana delle Origini*[213] (TLIO), il *Vocabolario Etimologico* di Ottorino Pianigiani[214], ancora utilissimo, per quanto datato, e il celebre *Lessico Etimologico Italiano*[215], ad oggi incompleto. Sarà anche fondamentale avere a disposizione delle risorse lessicografiche per le lingue classiche (utili non solo allo studio delle fonti, ma anche dei testi italiani in lingua latina o greca): il *Du Cange*[216], lessico della media latinità, oppure dizionari più generici quali *Glossa – a latin dictionary*[217], il *Greek Dictionary Headword Search Results*[218] interno al nominato progetto *Perseus*. Bisognerà in questa categoria ricordarsi anche dei dizionari enciclopedici, come il *Dizionario Biografico degli Italiani*[219]. Tra i repertori sarà necessario per lo meno memorizzare i *link*: della versione digitale dell'incipitario della *Lirica italiana delle origini* (LIO)[220], utilissimo motore di ricerca di metadati che reperisce – per ogni *incipit* inserito – autore ed edizione; di *Ali Rasta*[221], sito fondamentale per lo studio della lirica antica presente nelle antologie a stampa cinquecentesche; di *Archilet*[222], motore di ricerca di metadati che fornisce informazioni delle corrispondenze

---

[212] *Homepage*:
ww.internetculturale.it/opencms/opencms/it/collezioni/collezione_0102.htm.
[213] *Homepage*: http://tlio.ovi.cnr.it/TLIO/.
[214] *Homepage*: http://www.etimo.it/.
[215] *Url*: http://woerterbuchnetz.de/LEI/.
[216] *Url*: http://ducange.enc.sorbonne.fr/.
[217] *Url*: http://athirdway.com/glossa/.
[218] *Url*: http://www.perseus.tufts.edu/hopper/resolveform.
[219] *Url*: http://www.treccani.it/biografie/.
[220] *Url*: http://old.fefonlus.it/lio/LIO_incipitario_leggimi.htm.
[221] *Url*: http://rasta.unipv.it/.
[222] *Url*: http://archilet.it/.

letterarie di età moderna.

Chiaramente, a seconda della necessità di chi studia, dei secoli di interesse e dell'approccio al testo, detta cronologia può subire variazioni anche sostanziali. Un contemporaneista – interessato ad esempio all'opera di Gadda – preferirà ai repertori di letteratura antica un progetto come *Gaddaman*[223], o *WikiGadda*[224].

Non dimentichiamo che i segnalibri possono riguardare anche singoli titoli, quali ad esempio dizionari digitalizzati ma non ancora interrogabili con maschere appropriate (come il *Romanisches etymologisches Worterbuch*[225]), singoli volumi critici, edizioni critiche stampate e digitalizzate (come l'edizione Percopo delle *Rime* del Cariteo[226]) ovvero *born digital* (come la pionieristica edizione di Danilo Romei al *Rifacimento dell'Orlando innamorato* di Berni[227]).

Il tavolo da lavoro dell'italianista – o per estensione dell'umanista – trova nel *browser* di navigazione, affiancato da un *word processor*, il suo *alter ego* digitale. Non solo più, dunque, una semplice macchina da scrivere o macchina da leggere, ma anche una macchina per interrogare.

Non cambiano affatto, quindi, le responsabilità dello studioso,

---

[223] *Homepage*: http://www-5.unipv.it/gaddaman/index.php.

[224] *Homepage* della Wiki:
http://www.filologiadautore.it/wiki/index.php?title=Pagina_principale. Per accedere a tutte le pagine del sito – eccezion fatta per la Home – occorre registrarsi.

[225] Digitalizzato su *Interne Archive. Url*:
https://archive.org/stream/romanischesetymo00meyeuoft#page/n5/mode/2up

[226] Disponibile all'indirizzo:
https://archive.org/stream/rimesecondoledue00cariuoft#page/n7/mode/2up
.

[227] *Homepage*: http://www.nuovorinascimento.org/n-rinasc/ipertest/html/orlando/premessa.htm.

la qualità del cui lavoro sarà sempre direttamente proporzionale alla qualità delle domande che pone ai testi.

Conclusioni: rischi e possibilità

Il panorama fin qui descritto è indubbiamente promettente: l'aumento graduale (ed inizialmente caotico) del materiale digitalizzato, riordinato e reso sempre più interrogabile dalla progressiva creazione di biblioteche digitali, *corpora online*, biblioteche tematiche *et similia* non può che agevolare il lavoro dello studioso. Anche riviste, *database*, enciclopedie e *blog* scientifici facilitano di molto i lavori di reperimento, consultazione e ricerca, che talvolta possono essere addirittura avviati da *Google*. Vanno però considerati i rischi dell'uso acritico di tali strumenti.

Per chi si occupa di *humanae litterae* il testo assume una posizione di assoluta centralità, come si diceva in fase introduttiva. Non è certamente superfluo in questa sede sottolineare come soltanto da un testo corretto possano derivare corrette analisi e contestualizzazioni. A garanzia di ciò, non può non essere chiamata in causa la filologia e la sua cura del testo.

Il primo grande pericolo è che la rete, nel suo onnivoro processo di digitalizzazione, possa offrire al fruitore testi di partenza non corretti, o comunque superati da edizioni ben più recenti e ben più scientifiche. I grandi collettori come *Internet Archive* o *Google Books* digitalizzano opere fuori *copyright*, dunque *ipso facto* datate. È sempre d'uopo controllare l'eventuale esistenza di lavori nuovi, per lo più presenti fisicamente soltanto nelle biblioteche tradizionali.

La pluricitata *Biblioteca Italiana*, ad esempio, offre testi tratti – quando possibile – da edizioni sostanzialmente recenti e dagli adeguati standard scientifici, per quanto sprovvisti di apparati critici. Ma altri siti – specie nello spirito della divulgazione incontrollata – potrebbero non garantire un tale livello di stabilità testuale. Spetta dunque al fruitore ogni cautela in merito.

Ciò premesso, i rischi in cui si può imbattere l'utente troppo frettoloso possono sostanzialmente dividersi in tre grandi categorie: errori dovuti all'incompletezza del risultato finale, all'imprecisione dello strumento utilizzato e alla superficialità dell'interrogazione.

I risultati saranno parziali laddove, ad esempio, si abbia a priori la pretesa che sia già tutto digitalizzato, e la rete venga utilizzata solo come un grande *database*, e non più principalmente come *metadatabase*; saranno imprecisi allorquando si presterà più fiducia del dovuto a strumenti ancora imperfetti (OCR, ad esempio); saranno completamente errati quando la speranza di un risultato accurato e veloce affretta le procedure di interrogazione, facendo accontentare il fruitore della rete di risposte non sottoposte al vaglio della pertinenza.

Le risorse informatiche – criticamente considerate – affinano gli strumenti d'indagine, consentono un più rapido reperimento di materiali e fonti, snelliscono i processi di lettura e scrittura. Una tale agevolazione permette allo studioso di potersi maggiormente concentrare sui testi, con possibilità analitiche ampliate. Ma l'aumento delle risorse a disposizione o fomenta (e ha tutte le carte in regola per farlo) un amento della qualità e dell'approfondimento degli studi sul testo, oppure è solo l'ennesima complicazione, creata – ironia della sorte! – proprio in un ambito il cui scopo è evitare inutili complicazioni. *Entia non sunt multiplicanda praeter necessitatem.*

Bibliografia

Beltrami B. (2001), *L'etimologia nel Tesoro della Lingua Italiana delle Origini*, in *Fare etimologia. Passato, presente e futuro nella ricerca etimologica*, a c. di M. Benedetti, Roma, il Calamo, 123-182.

Ciotti F. (2003), *Teoria, progetto e implementazione di una biblioteca digitale. Testi italiani on-line*, in Fiorimonte D. (a crura di), *Informatica Umanistica. Dalla Ricerca all'insegnamento*, Roma, Bulzoni, 101-127

Italia P.-Raboni G., (2010), *Che cos'è la filologia d'autore*, Roma, Carocci, 33-37

Numerico T.-Fiorimonte D.-Tomasi F. (2010), *L'umanista digitale*, Bologna, Il Mulino

Manguel A. (2009), *Una storia della lettura*, Milano, Feltrinelli

Orlandi T. (1994), *Banche dati nel progetto Medioevo-Europa*, in Leonardi C.-Morelli M.-Santi F., *Macchine per leggere. Tradizione e nuove tecnologie per comprendere i testi*, Spoleto (Perugia), Centro italiano di studi sull'Alto Medioevo (CISAM), 39-52.

Sbrilli A.-Finicelli L. (2007), *Informatica per i beni culturali*, Roma, RAM Multimedia

www.ingramcontent.com/pod-product-compliance
Lightning Source LLC
Chambersburg PA
CBHW030105070426
42448CB00037B/976